CU01510303

つながる
英会話
ネイティブとの会話が
楽しく続くテクニック
50

川合亮平

ask
PUBLISHING

はじめに　Preface

まず、この本を手に取ってくださったあなたに、心から感謝します。

英会話をうまくつなげていくための、わかりやすく、簡単で、しかもすぐに実践できるコツを伝えたい。

『つながる英会話』は、そんなテーマを掲げ、執筆しました。しかし、ぼくは英語ネイティブではないし、帰国子女でもありません。ふつうの大阪人です。いや、正確に言うなら「ふつう」ではないかも——。

実は、ぼくの高校時代の英語の成績は、480人中478位。つまり、正確を期すなら、ぼくは「元英語おちこぼれ」の大阪人なのです。ですから、英語で悩むひとの気持ちがよくわかります。そんな僕から、あなたにひとつ伝えたいことがあります。

英語は誰にでも話せるようになります。

ぼく自身が、その証しです。「話したい」という強い気持ちさえあれば大丈夫。

さて、この本には、ぼくの英語との歴史をすべて盛り込みました。

① 落ちこぼれ学習者の視点
② 英語指導者の視点
③ 英語使用者の視点

ぼくがお世話になったものを含め、世の中にはたくさんの英会話本があります。しかし、ぼくが知るかぎり、「(落ちこぼれ) 学習者」、「指導者」、「使用者」という、3つの視点からまとめられた英会話本は、これまでなかったと思います。しかし、そうした本こそ、日本人の英語学習者が必要としているに違いない！　そんな強い気持ちが、この本執筆の動

機となっているのです。

　落ちこぼれであったことは、冒頭に書いた通り。高校のころ、ぼくは英語の授業がイヤでイヤでたまらず、いったんは英語学習の道からドロップアウトします。しかし、さまざまな偶然と縁が重なり、20歳のとき、大学を中退し、英語力ゼロ（というよりマイナス）から、自宅の部屋にこもって、英語独学を開始しました。

　その後3年間は、バイトをしながら、毎日8時間以上「英語に触れる」ことを自分に課して、過ごしました。とにかく「英語漬け」の生活をしようと、読むもの見るものすべて英語にしました。寝るときも英語のCDを流していました（その効果のほどは定かではありませんが〔笑〕）。

　その結果、23歳のときに受験したTOEICで900点以上を獲得。さらに、英会話講師としての仕事をするチャンスに恵まれました。そこから約8年、企業研修講師として、さまざまな企業に赴き、英語を「教える」立場を経験しました。これにより②の「指導者」の視点というものを経験しました。

　そして、34歳になった今、ぼくはミュージシャンをはじめ、さまざまな分野で活躍する人に英語でインタビューをして、記事を書いています。それ以外にも、海外のさまざまなできごとを取材したり（ロンドン・オリンピック取材も敢行します）、海外と日本を結ぶコーディネーターとしての仕事もしています。
　まさに、英語を「使う」ことを生業としているわけです。つまり③の「使用者」の立場に、いま立っています。

　異なる3つのステージを経験しながら、非ネイティブとして、どうすれば英語コミュニケーション力を向上させられるのか、常に自問自答してきました。そして、それぞれ「こうすればいい」という、自分なりのヒントを掴んできました。

　それらをすべて本書に盛り込んだのです。

「ああ、そんなことあるある」という身近で簡単なアプローチ

　では、具体的に、どのように3つの視点を取り込んでいるか、ですが、まずは「落ちこぼれ学習者」の視点から。とにかく、わかりやすいアプローチがいい、と考えました。難しいことは続きません。継続が鍵となる英語学習にとって、それは致命的です。

　プライベートでもビジネスでも、多くの人が直面する困ったシチュエーション。例えば——

　「わかったフリして、つい愛想笑いしてしまう」
　「エレベーターでの気まずい沈黙を解消するには？」
　「言葉につまったとき何とか間を持たせたい」などなど

　「ああ、そんなことあるある」というシチュエーションを集め、それへの端的な解決法を提示することを基本構成にしました。

リアルな素材で学びたい

　次に「指導者」としての視点です。多くの人を指導しながら強く感じたのは「教室英語」「教科書英語」だけでは、実践力は身につきにくい、ということです。やはり、生の、リアルな英語をたくさんインプットする必要があるんです。

　そこで、この本では、英語ネイティブスピーカーに、「台本ナシのアドリブ」で会話をしてもらいました。収録時にあらかじめ決めていたのは、先に述べた「あるある」シチュエーションを解消するフレーズを含める、という1点のみ。あとは、ネイティブスピーカー同士、即興で話をしてもらいました。

　アドリブなので、もちろん言いよどみもあれば、言い間違いもあります。でも、それこそが練習する価値のある英語です。なぜなら、あなたが実際の生活で対面するのは、そんな普段着の英語だからです。

　さらにこだわったのは、スピーカーにいろいろな国（オーストラリア、イギリス、アメリカ）の話者を起用したことです。これも、実際に英語を使う場面を想定してのことです。

　ネイティブスピーカーの普段着の英語が、整理されつつ、ここまでちりばめられた素材はほかにないと自負しています。

簡単な英語でいいんだ

　最後の「使用者」としての視点ですが、英語が飛び交う現場でぼくが実際に体験し、体得した、本当に使えるフレーズや知識を盛り込みました。

　そして、驚くことに、それらはとてもシンプルな英語である場合が多いのです。

　あなたがすでに見聞きしたことのあるフレーズや単語の本当の意味を知り、適切な状況、タイミングで発することができれば、実に自然で、使える英語を話せるようになるんです。

　ですから本書には、スッと口に出せて、しかも本当に使えるフレーズばかりが集められています。

この「はじめに」を書くにあたって、あらためて原稿を読み直しました。そして、「(落ちこぼれ) 学習者」、「指導者」、「使用者」、それぞれの自分が「欲しい!」と思える内容に仕上がっていると感じました。

ただ、この本の最後の仕上げをするのはあなたです。

読んで、練習し、実践して、会話がつながったそのとき、この本は完成します。本書がきっかけとなり、あなたの英語コミュニケーションがより充実した楽しいものになることを願ってやみません。

最後になりましたが (ちなみに、英語では Last but not least. と言います)、数年来の友人として、ぼくの無理な注文にも快く応じてくれた4人のナレーター——マイク、ローラ、ナイリー、そしてアレン——にこの場を借りて感謝いたします。Thank you so much for your great work!

思わずニヤリとしてしまう、素敵なイラストを描いてくれた石川 恭子さんにも感謝の気持ちでいっぱいです。ぼくは次のイラスト見たさに、ついついページをめくってしまいました。

そして、企画の立ち上げから完成まで、文字通り二人三脚で付きあってくれたアスク出版の竹田さんがいなければ、この本は生まれませんでした。ほんとうにありがとうございました。

2012年7月
川合 亮平

Contents

目次

Chapter 1

相手の言っていることがわからない！？　でも大丈夫！

Chapter 2

スムーズに話が始まる出だしのフレーズ

Chapter 3

相手をのせる気持ちのいい相づち

Chapter 4
相手の気持ちを引き出すフレーズ

Chapter 5

沈黙撃退！　困ったときのお助けフレーズ

Chapter 6

相手からのどんなボールも打ち返すテクニック

Chapter 7

会話を閉じる

装丁・本文デザイン **岡崎 裕樹**

挿絵 **石川 恭子**

本書の使い方
How to use this book.

本書のおすすめの使い方は、とってもシンプルです。ぼくの英会話学習の基本は、次の2つだけ。

1. **英語をたくさん聞く**
2. **英語をたくさん音読する**

気に入った表現が含まれている〔Real Conversation〕部分（ライブ収録したアドリブ会話）を、くり返し聞き、くり返し音読してください。

英会話能力は、知識として頭に蓄えるのものではなく、反復することで体得するものです。なので、各ユニットの日本語解説はあくまで〔Real Conversation〕をより深く理解するための"補助"として活用してください。

聞くときのポイント

聞くときのポイントは2つ。

- ●集中して聴く
- ●場面を想像しながら聴く

音読するときのポイント

音読するときのポイントは4つ。

- ●それぞれのナレーターの物まねのつもりで読む
- ●お腹から声を出して読む
- ●意味を意識しながら読む
- ●場面を想像しながら読む

使い古された表現ですが、英会話上達の真理なので、あたなにこの言葉を送りますね。

Practice makes perfect! （上達には練習あるのみ！）

本書は大きくわけると、14 の「テクニック・ユニット」と 36 の「フレーズ・ユニット」で構成されています。

会話をつなげるための、基礎的な知識や心構えを紹介しているのが「テクニック・ユニット」です。一方、「フレーズ・ユニット」では、会話が途切れがちな困ったシチュエーション（「あぁ、そんなことあるある」というものばかり）を厳選し、その解決フレーズを紹介しています。

頭から順に読むもよし、気になるシチュエーションやテクニックからとりかかるもよし。あなたにあった順番で学習してください。

テクニック・ユニット
Technique Unit

テクニック・ユニットは 2 ページ、もしくは 3 ページ構成。文章による解説中心ですが、必要な個所には英文音声も収録しています。

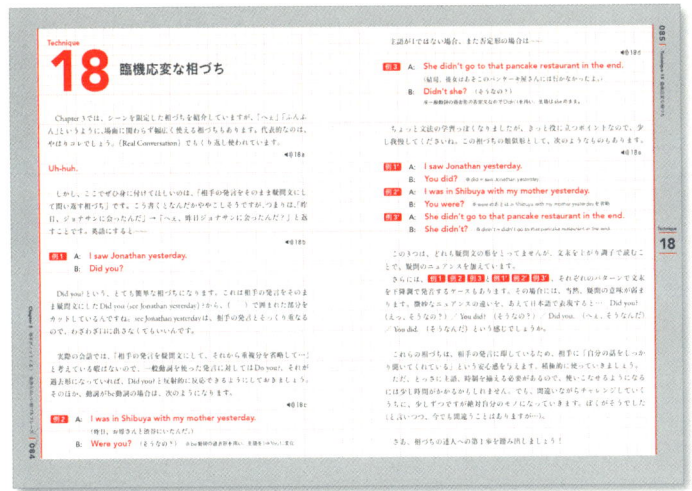

※ 🔊 (スピーカマーク) が音声ファイル名を示しています。

フレーズ・ユニット
Phrase Unit

　フレーズ・ユニットは、それぞれ4ページで構成。次のように学習を進めます。

❶ シチュエーションの確認 ⇒ ❷ フレーズ紹介 ⇒ ❸ 短い会話例 ⇒ ❹ 解説 ⇒ ❺ 類似表現 ⇒ ❻ ライブ収録のリアルな会話例 ⇒ ❼ スクリプト確認 ⇒ ❽ ❼についてのワンポイント解説

　このユニットの音声ファイルには、英語だけでなく、著者であるぼくの日本語解説も収録されています。本を開けない状況——例えば、満員電車や家事をしているとき——でも、音声だけで学習できるようになっています。

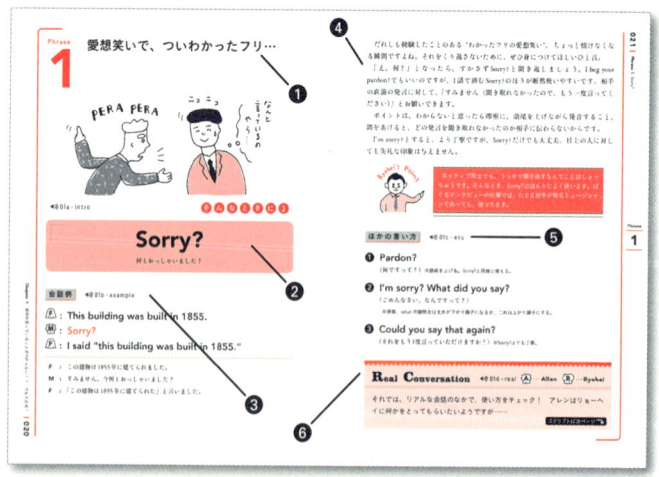

❶ まず、あなたも経験したことがあるだろう、
　英会話の困ったシチュエーションを確認。

❷ 次は、そんな「困った」を一気に解消するフレーズを紹介。
　短くて、スッと口にだせる表現ばかりです。

❸ 短い会話例です。スタジオ収録のクリアなナレーションで、
ウォーミングアップ。おおまかな用途を確認しましょう。

❹ フレーズ解説。ぼくの体験に基づいた
「Ryohei's Point」にも注目してください。

❺ ❷の類似表現を紹介。次の〔Real Conversation〕で実際に
使われるものもあります。

❻ 次は、英語ネイティブによる、台本ナシのアドリブ会話
〔Real Conversation〕です。まずは音だけで聞いてから、次ページの
スクリプトを確認しましょう。

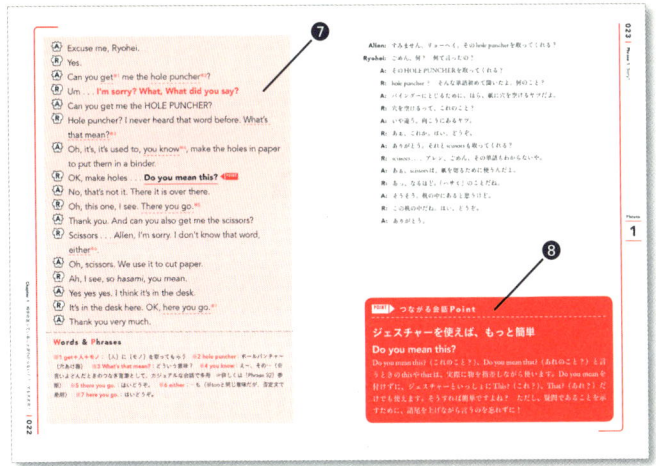

❼〔Real Conversation〕のスクリプト。前のページで学習したフレーズ
は色字になっています。語註もあり。◀POINT マークのついているフレ
ーズについては、次の❽でワンポイント解説しています。

❽ 会話をつなげるための、ワンモアポイントを解説しています。

マイク・ペラジーン
Mike Peragine

アメリカ
ニューヨーク州出身

from **USA**

大学英語講師、アーティスト。2005 年に来日後、英会話学校や大学にて、英語教育に携わる。一方で、絵画作品を発表し続けるアーティストでもある。趣味は旅行。すでに 38 カ国を訪れ、その数はいまも増加中。

🎙 **Phrase** 2 ／ 4 ／ 5 ／ 9 ／ 11 ／ 12 ／ 13 ／ 15 ／ 17 ／ 19 ／ 21 ／ 24 ／ 26 ／ 27 ／ 29 ／ 30 ／ 36 ／ 38 ／ 40 ／ 45 ／ 50

ローラ・クーパー
Laura Cooper

イギリス
バークシャー州出身

from **UK**

英語講師。2006 年に来日。以来、英語講師、写真家、ライターとして活躍。品がよく、比較的スタンダードなイギリス英語。趣味は写真とヨガ。ロックをこよなく愛している。

ブ ロ グ ➡ http://adventuresinthelookingglass.wordpress.com/。

🎙 **Phrase** 9 ／ 11 ／ 12 ／ 13 ／ 15 ／ 17 ／ 19 ／ 21 ／ 24 ／ 26 ／ 27 ／ 29 ／ 30 ／ 36 ／ 38 ／ 40 ／ 45 ／ 50

英語ネイティブによる 会話

〔Real Conversation〕は台本ナシ、英語ネイティブによるリアルな会話を生収録。
アメリカ、イギリス、オーストラリア、3カ国のバラエティ豊かな英語を学べます。

（※〔Real Conversations〕以外のスタジオ収録の英文ナレーター： Chris Koprowski ／ Bianca Allen）

アレン・フェグリー
Allen Fegley

アメリカ
ペンシルバニア州出身

from USA

英語講師。2006年に来
日以来、さまざまな年
代に英語を教えてきた。
明るく、聞き取りやすい
ナレーションは、リスニ
ング練習に持ってこい。
趣味は、旅行、友人と
の楽しいお酒、そして
テレビゲーム。

🎙 Phrase 1 ／ 7 ／ 8 ／
16 ／ 20 ／ 23 ／ 32 ／
33 ／ 34 ／ 37 ／ 41 ／
42 ／ 43 ／ 46 ／ 47

ナイリー・ジェーコブス
Nyree Jacobs

オーストラリア
メルボルン出身

from AUS

大学講師。日本滞在歴5
年半。大学を中心に、英
語講師として活躍。癖
の強くない発音は、オー
ストラリア英語の入門
にぴったり。旅行と文
章を書くこと、そして
太鼓の演奏とカラオケ
が趣味。

🎙 Phrase 7 ／ 8 ／ 16
／ 20 ／ 23 ／ 32 ／ 33
／ 34 ／ 37 ／ 41 ／ 42 ／
43 ／ 46 ／ 47

川合 亮平
Ryohei Kawai

日本
大阪府出身

from JPN

著者である、ぼくも少し
だけ出演。自他ともに認
めるイギリス好き。よっ
て、発音も当然ながら、
イギリス英語。

🎙 Phrase 1 ／ 2 ／ 4 ／
5

音声の使い方
How to listen the sound files.

付属のCD-ROMに収録されている音声データは、一般的なMP3形式です。Windows、Macいずれでも利用可能です。「パソコン上での再生」に加え、「iPodやiPhoneなどの携帯音楽プレーヤーに取り込んでの再生」も可能です（※音楽CDプレーヤーでは再生できません）。

Windowsパソコンでの使い方　CD-ROMを挿入すると、右のようなウィンドウが表示されます。「フォルダーを開いてファイルを表示」をダブルクリックすると、CD-ROMの中身が表示されるので、「ReadMe.txt」ファイルを開いて、お読みください。iTunesなどへの取り込み方法を説明しています。

Macでの使い方　CD-ROMを挿入すると、デスクトップにCD-ROMアイコンが現われるので、ダブルクリック。CD-ROMの中身が表示されたら、「ReadMe.txt」ファイルを開いて、お読みください。iTunesなどへの取り込み方法を説明しています。

収録内容　各ファイルには書名（アルバム名）・出版社名（アーティスト名）・トラック名が埋め込まれています。パソコンや携帯音楽プレーヤーでは、それらが表示されるので、使いやすくなっています。

ファイル名	収録内容
フレーズ番号 **a-intro** （例：01a-intro）	「こんなシチュエーションで使える」という日本語解説のあと、フレーズ音声を「英語→日本語訳→英語」の順に収録。
フレーズ番号 **b-example** （例：01b-example）	**（会話例）**の音声。短い会話を、スタジオ収録したクリアな音声で聞くことができます。日本語解説もあり。
フレーズ番号 **c-etc** （例：01c-etc）	**（ほかの言い方）**の音声。代替表現・類似表現を紹介しています（※ユニットによっては、省略もあり）。
フレーズ番号 **d-real** （例：01d-real）	**（Real Conversation）**の音声。英語ネイティブスピーカーによる、アドリブの会話を生録音。臨場感あふれるリアルな会話なので、フレーズの活きた利用方法を習得できます。

※このほか、「テクニック・ユニット」も必要に応じて音声を収録しています。

Chapter 1

相手の言っている
ことがわからない！?
でも大丈夫！

えっ、今なんて言ったの？——そんなとき、あなたはどうしますか？　わかったふりして愛想笑い？　もし、そうだとしたらもったいない！　だって、日本語のときは、ちゃんと聞き返しますよね。そして、それが会話を続けるきっかけになったりしますよね？　英語だって同じ。わからなければ聞けばいいんです。会話を続ける秘訣、まずは尋ね返し方からスタートです。

愛想笑いで、ついわかったフリ…

🔊 01a - intro

そんなときに❯

Sorry?

何とおっしゃいました？

会話例 🔊 01b - example

F : This building was built in 1855.

M : Sorry?

F : I said "this building was built in 1855."

- -

F : この建物は1855年に建てられました。

M : すみません、今何とおっしゃいました？

F : 「この建物は1855年に建てられた」と言いました。

　だれしも経験したことのある「わかったフリの愛想笑い」。ちょっと情けなくなる瞬間ですよね。それをくり返さないために、ぜひ身につけてほしいひと言。

　「え、何？」となったら、すかさずSorry?と聞き返しましょう。I beg your pardon?でもいいのですが、1語で済むSorry?のほうが断然使いやすいです。相手の直前の発言に対して、「すみません（聞き取れなかったので、もう一度言ってください）」とお願いできます。

　ポイントは、わからないと思ったら即座に、語尾を上げながら発音すること。間をあけると、どの発言を聞き取れなかったのか相手に伝わらないからです。

　I'm sorry?とすると、より丁寧ですが、Sorry?だけでも大丈夫。目上の人に対しても失礼な印象は与えません。

Ryohei's Point

ネイティブ同士でも、うっかり聞き逃すなんてことはしょっちゅうです。そんなとき、Sorry?はほんとによく使います。ぼくもインタビューの仕事では、たとえ相手が有名ミュージシャンであっても、使ってます。

ほかの言い方　　◀)) 01c - etc

❶ Pardon?

（何ですって？）　※語尾を上げる。Sorry?と同様に使える。

❷ I'm sorry? What did you say?

（ごめんなさい、なんですって？）

　※通常、whatの疑問文は文末が下がり調子になるが、これは上がり調子にする。

❸ Could you say that again?

（それをもう1度言っていただけますか？）　※Sorry?よりも丁寧。

Real Conversation　◀)) 01d - real　 Ａ … Allen　Ｒ … Ryohei

それでは、リアルな会話のなかで、使い方をチェック！　アレンはリョーヘイに何かをとってもらいたいようですが……

スクリプトは次ページ ➦

Ⓐ Excuse me, Ryohei.

Ⓡ Yes.

Ⓐ Can you get※1 me the hole puncher※2?

Ⓡ Um . . . **I'm sorry? What, What did you say?**

Ⓐ Can you get me the HOLE PUNCHER?

Ⓡ Hole puncher? I never heard that word before. What's that mean?※3

Ⓐ Oh, it's, it's used to, you know※4, make the holes in paper to put them in a binder.

Ⓡ OK, make holes . . . **Do you mean this?** ◀POINT

Ⓐ No, that's not it. There it is over there.

Ⓡ Oh, this one, I see. There you go.※5

Ⓐ Thank you. And can you also get me the scissors?

Ⓡ Scissors . . . Allen, I'm sorry. I don't know that word, either※6.

Ⓐ Oh, scissors. We use it to cut paper.

Ⓡ Ah, I see, so *hasami*, you mean.

Ⓐ Yes yes yes. I think it's in the desk.

Ⓡ It's in the desk here. OK, here you go.※7

Ⓐ Thank you very much.

Words & Phrases

※1 get＋人＋モノ：［人］に［モノ］を取ってもらう　※2 hole puncher：ホールパンチャー（穴あけ器）　※3 What's that mean?：どういう意味？　※4 you know：えー、その…（※言いよどんだときのつなぎ言葉として、カジュアルな会話で多用　☞詳しくは〔Phrase 32〕参照）　※5 there you go.：はいどうぞ。　※6 either：…も（※tooと同じ意味だが、否定文で使用）　※7 here you go.：はいどうぞ。

Allen: すみません、リョーヘイ。その hole puncher を取ってくれる？

Ryohei: ごめん、何？　何て言ったの？

A: その HOLE PUNCHER を取ってくれる？

R: hole puncher？　そんな単語初めて聞いたよ。何のこと？

A: バインダーにとじるために、ほら、紙に穴を空けるヤツだよ。

R: 穴を空けるって、これのこと？

A: いや違う。向こうにあるヤツ。

R: あぁ、これか。はい、どうぞ。

A: ありがとう。それと scissors も取ってくれる？

R: scissors...、アレン、ごめん、その単語もわからないや。

A: あぁ、scissors は、紙を切るために使うんだよ。

R: あっ、なるほど。「ハサミ」のことだね。

A: そうそう。机の中にあると思うけど。

R: この机の中だね。はい、どうぞ。

A: ありがとう。

Phrase

1

POINT ▶ つながる会話 Point

- -

ジェスチャーを使えば、もっと簡単

Do you mean this?

Do you mean this?（これのこと？）、Do you mean that?（あれのこと？）と言うときの this や that は、実際に物を指差しながら使います。Do you mean を付けずに、ジェスチャーといっしょに This?（これ？）、That?（あれ？）だけでも使えます。そうすれば簡単ですよね？　ただし、疑問であることを示すために、語尾を上げながら言うのを忘れずに！

肝心なとこだけ聞き返したい

🔊 02a-intro

そんなときに♪

You ate what?

何を食べたって？

会話例　　🔊 02b-example

M : So after that, I went to that Indian restaurant and ate loads of lamb chops.

F : You ate what?

M : Loads of lamb chops.

- -

M ： それであのあと、インド料理屋さんに行って、ラムチョップをたらふく食べたんだ。

F ： 何を食べたって？

M ： ラムチョップをたっくさん。

〔Phrase 1〕のSorry?は直前の発言全体を尋ね返しますが、聞き取れなかった部分が限定（1〜2単語）されている場合は、この表現が便利。理解できなかった個所を明確にできるので、相手も端的に回答でき、会話にリズムが生まれます。

I ate 聞き取れなかった部分 .

↓ ※疑問詞whatに差し替える

You ate **what** ?

※主語をI→You

　ルールは聞き取れた部分（下線部）をリピートしながら、聞き取れなかった部分を疑問詞に差し替えるだけ。疑問詞は、聞き取れなかった部分が行動やモノの名前であればwhat、場所はwhere、時間に関してはwhenという要領です。例えば、I went to A.の場合、Aは明らかに場所なので、You went to where? とします。

　ただ、若干カジュアルな表現なので、目上の人に対してはI'm sorry, but ... を前につけたほうがいいですね。

ほかの言い方　◀)) 02c - etc

❶ You went where?

（どこに行ったことあるって？）

※where を使った例。I went 聞き取れない部分 last night. に対して。

❷ You saw who last night?

（昨晩誰と会ったって？）　※who を使った例。I saw 聞き取れない部分 last night. に対して。

Phrase **2**

Real **C**onversation ◀)) 02d - real 〔M〕… Mike 〔R〕… Ryohei

それでは、リアルな会話のなかで、使い方をチェック！　マイクが週末何をやっていたのか、リョーヘイはうまく聞き取れないようです。

スクリプトは次ページ ➜

R So, Mike, um, what did you do last weekend?

M Uh . . . same old, same old[※1]. Went out, met some friends, had dinner.

R Uh, sorry, um, you said "same old same old." What do you mean by that?[※2]

M Uh, "same old same old" is an expression[※3]. It just means the same old thing or nothing special[※4].

R Nothing special, I see. OK. Sorry, I cut off[※5] what you were saying. What did you do?

M Yeah, uh, just went out, met some friends, had dinner. Pretty good weekend, overall[※6].

R OK, what, what did you have for dinner?

M We went to this new Thai restaurant in the center of town.

R Sorry, **you went to where?** Sorry?

M Ah, this new Thai restaurant in the center of town.

R I see. How was it?

M Ah, really good. The food was amazing[※7]. **Do you like coriander?** ◀POINT

R Um, I don't know. What's it like?

M In Japanese, it's *pakuchi*.

R *Pakuchi*, yeah, OK. I see.

Words & Phrases

※1 same old, same old：いつもと一緒、かわりばえのしない　※2 What do you mean by that?：（※聞き返しの定番表現。☞詳しくは〔Phrase 4〕参照）　※3 expression：表現
※4 nothing special：特に何もない　※5 cut off：…を遮る　※6 overall：全体的に
※7 amazing：素晴らしい

Ryohei: マイク、先週末は何してたんだい？

Mike: うん、same old same old。外出して、友達に会って、食事して…

R: ん、ごめん、same old same old って言ったけど。それってどういう意味？

M: "same old same old" は表現のひとつで、「いつもと同じこと」や「特別何もない」という意味なんだ。

R: 「特別何もない」か、なるほど。あ、ごめん、話を中断させてしまって。何をしたんだっけ？

M: 外出して、友達に会って、食事して。楽しい週末だったよ、全体的にね。

R: なるほど。夕食は何を食べたの？

M: 街の中心部にある新しいタイ料理レストランに行ったよ。

R: ごめん、行ったのはどこ？

M: 街の中心部の新しいタイ料理レストランだよ。

R: なるほど。どうだった？

M: とてもよかったよ。料理が素晴らしくてね。coriander は好き？

R: えっと、わからないな、それってどんなの？

M: 日本語ではパクチーだよ。

R: パクチーか、なるほど。

Phrase

2

POINT ▶ **つながる会話Point**

感想を聞かれたら、答えは質問で締める
Do you like coriander?

リョーヘイの How was it? という問いに対するマイクの発言に注目です。How was it? は感想を尋ねているので、基本的には Ah, really good. The food was amazing. まででOKです。しかし、会話のキャッチボールを楽しもうとするとき、そこまででは、会話がストップしがちです。そこで、相手にも質問を返す、というのが有効なんです。ただ、なかなか気の利いた質問が浮かばないかもしれません。そんなときは、Do you like coriander? のように Do you like …?（…は好き？）が便利。どんなシチュエーションにも使えますよ。

3 いちばん大切なこと

　この本は、「会話を続ける」というテーマに沿って、お役立ちフレーズとテクニックを紹介しています。でも実は、これが欠けると、そのすべての効果が激減という、とても大切な要素があるんです。

　何だと思いますか？　それはズバリ——

　笑顔。

　英語に限らず、日本語だろうと何語だろうと、人と人との円滑なコミュニケーションには欠かせない要素ですよね。それは言葉以上にそうであると思うのです。

　例えば、あなたはパーティーでふたりに声をかけられました。

●Aさん（眉間にしわをよせた、険しい表情で）

Hey, you look really good in that red dress. It really suits you. Very nice.

（やぁ、その赤いドレス、素敵ですね。とっても似合ってます。素晴らしいですね。）

●Bさん（口角が上がった、親しみやすい笑顔で）

Oh, the red clothing. Very nice. You good. Very good. Yes.

（わぁ、その赤い服。とってもいい。いいね。すごくいい。うん。）
※つたない英語

　どうですか？　AさんとBさんどちらと会話を続けたいと思いますか（男性は、ドレスをジャケットに置き換えて想像してみてくださいね）？　考えるまでもなく、Bさんですよね。

　何が言いたいかというと、正しい英語を話せるに越したことはないけれど、実はそれは二の次で、よいコミュニケーターを目指す人がもっとも気をつけるべきは、「いかに相手に好印象を残すか」なんです。

　とすると、たとえ英語がたどたどしくても笑顔さえあれば、多くの場合において、あなたはグッド・コミュニケーターになれるのです。

　欧米に比べて、日本では初対面同士がニコッと微笑みあう文化は希薄です。特に男性は苦手ですよね。ぼくも実はそうでした。だれも教えてくれませんでしたからね。

　でも20代の前半に英会話講師になったとき、生徒さんに対して、いわゆる「営業スマイル」というのをとても意識するようになりました。最初はぎこちなかったと思います。しかし、習慣化するにしたがって、自然な笑顔を浮かべられるようになりました。知人はもちろん、初対面の人に対してもです。

　大切なのは、常に意識することだと思います。

　この笑顔コミュニケーションが身につく過程で、感じたことは、英会話はもとより、ふだんの人間関係も格段にスムーズになったということです。

　当たり前のことですが、やっぱり誰でも、怒っている人よりは笑っている人と付き合いたいですよね。笑顔作りは、よいことはたくさんありますが、悪いことは皆無なんです。

　そこで提案です。本書でフレーズの練習をするときは、笑顔がありえないケース——例えばI'm sorry to hear that.（お気の毒に）など——を除いて、必ず笑顔で発話するようにしましょう。

　これはルールです。

　笑顔とフレーズ＆テクニック、両方を身につけてスーパーコミュニケーターになりましょう！

4

音は聞き取れた、でも意味が…

🔊 04a - intro

そんなときに ♪

What do you mean by workshop?

workshop ってどういう意味ですか？

会話例 🔊 04b - example

👨 : OK, so we are all going to the workshop
tomorrow then.

👩 : Excuse me, what do you mean by workshop?

👨 : Oh, it's like a training session.

M ： よし、じゃあ、われわれみんなで明日のワークショップに出席するということですね。

F ： すみません、workshop ってどういう意味ですか？

M ： あぁ、研修のようなものですよ。

What do you mean by + 意味のわからない語句 ?

特定の語句の意味だけがわからないときに使える表現です。「…ってどういう意味？」という問いかけになります。

言われた相手は、It's like ...（…のようなものです）や It means ...（…のことです）のように言い換えや解説をしてくれる、あるいはセンテンスそのものを簡単に言い直してくれるので、理解しやすくなるんです。

《ウッジュミーンバイ》のようにひと息で言ったあと、心持ちポーズを入れて、意味のわからない語句を続けるのがポイント。強調を What の上に置くとより伝わりやすくなります。

怒った感じで使うと「それどういうこと？（納得いかないんだけど）」という皮肉になってしまうので、要注意。左の会話例も「ワークショップなんて聞いてないんだけど…（何で私だけ知らないの（怒））。」という意味になってしまいます。

Phrase

4

ほかの言い方 ◀)) 04c - etc

❶ What does hippopotamus mean?
（ヒポポタムスってどういう意味ですか？）

❷ I don't understand the word hippopotamus.
（ヒポポタムスという単語の意味がわからないのですが。）

※疑問文と肯定文だが、ニュアンスや、相手の捉え方は同じ。

Real Conversation ◀)) 04d - real … Mike 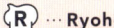 … Ryohei

それでは、リアルな会話のなかで、使い方をチェック！ マイクの話が、リョーヘイにはちょっと難しいみたいですね…

スクリプトは次ページ ➡

M OK. We need to talk about this month's <u>sales</u>*¹ figures. Uh, <u>recently</u>*², there's been a <u>decline</u>*³ in the number of sales that we're having and in this quarter, we haven't reached the <u>goals</u>*⁴ that we set for ourselves. We're **gonna** ◀POINT have to work harder in the next quarter.

R Excuse me, Mr. Peragine. Um . . . **What do you mean by quarter?**

M Quarter? Um, well <u>basically</u>*⁵, a quarter is <u>one forth</u>*⁶. So, <u>in this case</u>*⁷, we mean the <u>term</u>*⁸ for a three-month period in the business cycle.

R OK, OK, and one more thing I couldn't understand. You said earlier figures. I couldn't really . . . **What do you mean by figures?**

M Ah, well, <u>figures is another word we use for numbers.</u>*⁹ So in this case, it's just the sales numbers or . . .

R OK, I see. Thank you very much.

- - -

Words & Phrases

※1 **sales**：売上
※2 **recently**：最近、近ごろ
※3 **decline**：下降
※4 **goal**：目標
※5 **basically**：基本的に
※6 **one forth**：4分の1
※7 **in this case**：この場合
※8 **term**：期間
※9 **A is another word we use for B.**：AはBと同じ意味で使う単語です。

Mike: 今月の売上高について話し合いましょう。最近、売上が落ちてきていて、今四半期については、われわれが自ら立てた目標に到達していません。次の四半期はよりいっそう業務に力を入れなければなりません。

Ryohei: すみません、ペラジーニさん、quarter とはどんな意味でしょうか。

M: quarter？　quarter は基本的に、4分の1のことです。ですから、この場合は、ビジネスサイクルにおける3カ月の期間を指します。

R: なるほど。それと、理解できなかったことがもうひとつあります、figures とおっしゃいましたが、それは… figures とはどのような意味ですか？

M: figures というのは、numbers（数字・数値）と同じ意味で使う言葉です。この場合は、営業数値あるいは…

R: なるほど、わかりました。どうもありがとうございます。

Phrase

4

POINT ▶ つながる会話 **Point**

- -

リアルな会話ではやっぱりコレ

gonna

ネイティブ同士の自然な会話では、未来（…しようとしている）を表す be going to do は――

be gonna do
ゴ　ナ

と省略されます。同様に、want to do（…したい）は wanna（ウォナ）do と略されます。これらは、ぜひ使ってみたい表現ですね。それぞれ最初の音、《ゴ》と《ウォ》を強く、お腹から息を一気に出す感じで発音すると伝わりやすくなります。

5

念のため、「つまり○○ですよね？」って確認したい！

🔊 05a-intro

そんなときに♪

So that means you won't tell anybody about it.

それって、あれについてだれにも言わないって意味？

会話例　🔊 05b-example

F : OK, well, my lips are sealed.

M : **So that means** you won't tell anybody about it.

- -

F : わかった。唇にシールをしましたから。

M : それって、あれについてだれにも言わないって意味？

ほぼ理解できたと思うけど、自分の理解にいまひとつ自信を持てないことも多いでしょう。そんなときの聞き返し表現がコレです。

So that means + 言い換え表現 .

相手の発言を自分の言葉に「言い換える」のは、重要なコミュニケーションテクニックでもあります。〔会話例〕のように話の内容をそのまま言い換えるのに加えて、単語だけを言い換えるパターンもあります。

A: Don't you think she's just attractive?
（彼女って本当に魅力的だと思わない？）

B: So attractive means beautiful, right?
（attractive って、美人だってことですよね？）

ビジネスシーンでは、しつこいくらいこの表現を使って、「自分のことば」で理解するようにしましょう。相手の発言をいったん頭のなかで整理してから、ゆっくり話し始めるのがポイントです。文末を上げると疑問、下げると確認の意味合いが強くなります。

Ryohei's Point

> 短時間で信頼関係を築く必要があるインタビューの現場では、ぼくは上記のような理由から、相手の発言が100％理解できたとしても、この言い換えテクニックをよく使っています。

ほかの言い方　◀))05c - etc

❶ Do you mean you want hot coffee?
（ホットコーヒーが欲しいっていう意味？）　※疑問文なので、確認というより尋ねる表現。

Real Conversation　◀))05d - real　Ⓜ …Mike　Ⓡ …Ryohei

それでは、リアルな会話のなかで、使い方をチェック！　マイクとリョーヘイが文房具について話しているんですが…

スクリプトは次ページ ➔

{M} Uh, excuse me, Ryohei, uh, can you pass※1 me the stapler?

{R} Uh, sorry, sorry? What, what, what should I pass to you again?

{M} Uh, the STAPLER.

{R} Stapler? Um, is it, is it like※2 um, the um . . . don't know. Like computer stuff※3?

{M} Uh, no. It's like an office tool※4 used for connecting※5 papers.

{R} Office tool, connecting papers . . . **so that means hocchikisu here**, you mean.

{M} Hocchikisu? **I don't even know what that means.** ◀POINT
Do you mean the thing you press down※6 and it puts a metal piece※7 into the paper?

{R} Yeah, that's what hocchikisu does. Yes.

{M} You call it hocchikisu?

{R} Yes yes, what did you say again?

{M} Stapler.

{R} Ah, so that's what you say in English.

{M} Yeah.

Words & Phrases

※1 pass：…を手渡す
※2 like：…に似て、…みたいで
※3 stuff：（漠然と）物、事柄
※4 office tool：事務用品
※5 connect：…を連結する
※6 press down：下方に押し込む
※7 metal piece：金属片

Mike: すみません、リョーヘイ、stapler を取ってくれないかな？

Ryohei: あ、ごめん、何？　何を取ってほしいって？

M: STAPLER。

R: stapler って？　わからないけど、それってコンピュータ関係のモノ？

M: いや、事務用具で紙をくっつけるモノだよ。

R: 事務用具で、紙をくっつける…　てことは、ホッチキスのこと？

M: ホッチキス？　それが何なのかわからないな。押して、紙に金属片を埋め込むモノのことを言ってる？

R: そう、それがホッチキスだよ。

M: ホッチキスって言うんだ？

R: そうそう。君は何て言ったっけ？

M: stapler。

R: 英語ではそう言うんだね。

M: そうだよ。

POINT ▶ つながる会話 Point

- -

わからなかったら、意思表示 → 即質問

I don't even know what that means.

マイクのセリフ、I don't even know what that means. と、そのあとの確認文をよく聞いてください。2つの文を間髪なしに発言していますね。このようにまず「理解していない」意思表示をしてから質問すると、よりスムーズなコミュニケーションになります。その際は、わらないという意思表示と、確認文の間隔はできるだけ短めに。ここが長くなると、間延びして相手を待たせてしまいますから。

「イケてる英語」のハードルを 下げてみよう

　英会話上達に欠かせない要素として、〔Technique 3〕で「笑顔」をあげました。それと関連して「間違いを恐れず、とにかく発信」というポジティブな姿勢も忘れないでください。

　これは秘密の告白なんですが、ぼく自身、英語の知識はそれほど多くありません。語彙も限られています（笑）。それでも、英語を話す、聞く、読む、書くことを仕事とし、ときには、帰国子女や日系イギリス人に間違われることがあるのは（自慢ではないですよ）、これまでの経験・場数に加えて、この姿勢を大切にしているからだと思っています。そして、その姿勢を維持するための、英会話の「知恵」を身につけているからだろうと思います。

● 間違いを恐れず、とにかく発信するための知恵

　どんな知恵なのか？　具体例とともにご紹介しましょう。次のような状況では何と英語で言えばよいでしょうか？

　梅雨の時季。朝からじっとりと汗ばむ1日。会社の前で同僚とバッタリでくわした。「今日はホント蒸し蒸しするね」と声をかけたい。

It's very humid today.

　正解です。ですが、humid（蒸し蒸し）という単語がすぐに浮かばない人も多いでしょう。その場合、あきらめるのではなく、なんとか英語で発信するための工夫をすること。それが、ぼくの言うところの英会話の知恵なのです。
　では、どうするかというと、「蒸し蒸し」がわからなければ、そこから連想される日本語を思い浮かべるんです。

「暑い」「夏」「汗」「太陽」「不快」……

そして、その中で英語にできる単語をみつけ、それを全部相手に伝えましょう。もちろん、表情とジェスチャーも交えながら。

It's . . . hot, summer, sweat, sunny, not good feeling . . . today.

こうすれば、ほとんどの場合、あなたの意図は相手に伝わります。さらに、相手が親切なら（友人なら普通はそうでしょう）、あなたの気持ちを察して、Yes, I agree. It's very HUMID today, isn't it?(ホントにそうだね。今日はとっても"蒸し蒸し"するよね。)という具合に、単語humidをさりげなく教えてくれるはずです。

ほかにも、「これは、日本の伝統的な踊りなんですよ」と伝えたい、けれど、「伝統的」が英語でわからない場合。「伝統的」から連想されるのは——

「歴史がある」「古い」「重要」…　これらを英語にして並べてみましょう。

A:　**This is Japanese very . . . history, old, important . . . dancing!**
B:　**I see, so it's very TRADITIONAL then.**

いかがでしょうか？　コツはつかめましたか？

気持ちが伝わり、新しい単語も覚えられる（実体験に勝る語彙習得法はありません！）。こんな素晴らしいことはないんじゃないでしょうか？　おさらいすると——

1　英語にできない日本語にでくわす
2　その日本語から連想される日本語の単語を思い浮かべる
3　その中から英語にできるものを相手に伝える

これだけです。

It's very humid today. とスマートに言える理想の自分になってからでなければ、英語は話したくない。

　多くの人が、このように高いハードルを設定しがちです。しかし、このハードル、文字通り英語コミュニケーション上達の大きな障害になりかねません。

　あなたがこうありたいと考える「イケてる英語」のハードルを少し下げてみましょう。そして、多少不格好でも、今の精一杯の英語でコミュニケートしてみてください。自分らしい英語で一所懸命話そうとしているあなたを、カッコいいと思う人はいても、笑う人なんて絶対いませんから。安心してください！

　Don't afraid of speaking out in English!

Chapter **2**

スムーズに話が始まる出だしのフレーズ

英会話を学んでいるあなたは、「このフレーズ使ってみたい！」「今度、あの人と話してみよう！」というワクワク感にあふれているはず。でも、いざチャンスが巡ってきても、会話を始めるきっかけを掴めず、残念な思いをしたことありませんか？

本章では、友人、知人、顔見知り、さらには初対面の人とも、うまく会話をスタートさせるコツを紹介していきます。

7

あぁ、私の話を聞いて欲しい！

Guess what?

そんなときに♪

Guess what?

ねえ、何があったと思う？

会話例　🔊 07b - example

Ⓕ : Hi, guess what?

Ⓜ : What?

Ⓕ : I found a great apartment near the company.

F　：ねえ、ニュースがあるの、何だと思う？

M　：何？

F　：会社の近くで、いい感じのマンションを見つけたの。

　会話を始めるとき、いきなり話題を切り出すと、相手は面くらいます。なので、まず注意喚起してから話し始めるのがスマートです。そのための定番中の定番フレーズがGuess what?。

　guessは「推察する」という意味なので、直訳は「何か推測してみて」ですが、実際には「ねぇねぇ、聞いて！」という感覚で使われています。

　まずはHi!などのGreeting（あいさつ）をしてから、相手の目を見てハッキリ言いましょう。疑問文ですが、文末は上げません。Guess what?と切り出せば、相手はWhat?（何々？　教えて）と興味を示してくれるので、それを受けて話し始めましょう。

　注意点は、比較的カジュアルな表現であることです。友達、カップル、家族同士の会話限定と考えてください。

Ryohei's Point

> いい話題のときも、そうでないときも使えます。ですが、ぼくは「明るいニュース」を伝えるとき限定で使ってます。ひとりよがりのニュースを伝えて相手の期待を裏切りたくないですからね。

Phrase

7

ほかの言い方　◀)) 07c - etc

❶ You're never gonna believe this.

（これ絶対信じないと思うけど。）　※大・大・大ニュース！　というニュアンス。

❷ Have you heard about his promotion?

（彼の昇進について聞いた？）

※Guess what? よりも、話し手・聞き手から距離のある話題を導く。例えば、Guess what? は「自分の昇進」を伝える／Have you heard about ...?は「知り合いの昇進」を伝えるという具合に。

Real Conversation　◀)) 07d - real　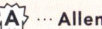 … Nyree　… Allen

それでは、リアルな会話のなかで、使い方をチェック！　ナイリーはアレンに話を聞いてほしくてウズウズしているみたい。

スクリプトは次ページ ➜

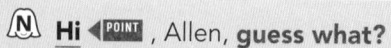

Ⓝ **Hi** ◀ **POINT** , Allen, **guess what?**

Ⓐ What?

Ⓝ I'm getting transferred^{※1} to Osaka.

Ⓐ Really?

Ⓝ Yeah, next month, we have to move^{※2} really quickly.

Ⓐ Oh wow, that's so soon. Is your family moving with you?

Ⓝ Yeah yeah, but not at first. I think they're going to move in a couple of^{※3} months.

Ⓐ Oh, I see. That must be really tough.

Ⓝ Yeah yeah, it will be, but I'm looking forward to^{※4} a change.

Words & Phrases

※1 get transferred：転勤になる
※2 move：引っ越す
※3 a couple of ...：2、3の…
※4 look forward to ...：…を楽しみにする

Nyree: こんにちは、アレン、何があったと思う？

Allen: 何？

N: 大阪に転勤になったのよ。

A: 本当？

N: そう、来月。大急ぎで引っ越ししないといけないわ。

A: そうなんだ、それは急だね。家族も一緒に行くの？

N: うん、でも最初からじゃないわ。数カ月後に引っ越しすると思う。

A: なるほど。それはたいへんだね。

N: ええ、そう思う。でも変化は楽しみにしてるのよ。

Phrase

7

POINT ▶ つながる会話 Point

「やあ」は英語で何と言う？

Hi

スムーズな会話の出だし、まずは何をおいても Greeting（あいさつ）です。
定番は次の3つ。状況に応じて使い分けましょう。

● **Hello!** ※どんな場面でも使える Greeting
● **Hi!** ※若干カジュアル寄りだが、ビジネスシーンで目上の人に対しても使える
● **Hey!** ※これは友達同士のカジュアルなあいさつ

8

いいアイデアを思いついた！

🔊)) 08a - intro

そ ん な と き に ↝

Listen.

こんなのはどうだろう。

会話例　🔊)) 08b - example

Ⓜ : Hey, listen.

Ⓕ : What?

Ⓜ : I've got a good idea about Jessica's birthday
present.

M : ねえ、こんなのはどうだろう？

F : 何？

M : ジェシカの誕生日プレゼントについていい考えがあるんだ。

〔Phrase 7〕の Guess what? と同じように、スムーズな出だしを演出するフレーズです。ただ、この Listen. が伝えるのは「提案」、Guess what? は「身近な出来事」というように区別します。

基本的には命令文なので、目上の人には使えません。ただ、会社やフォーマルな場面でも、同輩や部下には使えます。Listen to me. だと「私の話を聞きなさい」という強い意味になりますが、Listen. だけだと、あくまで注意喚起の表現なので、強い意味にはなりません。とはいえ、発音に少し注意したいですね。語気を強くすると、どうしても命令トーンがでるので、「軽く添える」程度に発音するのがコツです。

Ryohei's Point

目上から目下、というイメージがある表現です。ビジネスの場面では、特に部下に対してよく使えます。ちなみにぼくには部下がいないので、実はあんまり使ったことがないんです（笑）。

ほかの言い方 ◀)) 08c - etc

❶ I'll tell you what.

（こんな考えはどうでしょうか。）　　※どんな場面でも使えます。一息に発音しましょう。

❷ I've got an idea.

（アイデアがあります。）

※have got は基本的にはイギリス（オーストラリア）英語で、北米では have を用いることが多い。

❸ Can I suggest something?

（提案してもよろしいでしょうか？）

※フォーマル・目上の人に対しての表現。提案の可否を尋ねており、その分丁寧な表現。

Real Conversation ◀)) 08d - real 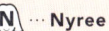…Nyree 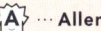…Allen

それでは、リアルな会話のなかで、使い方をチェック！　クリスマスの過ごし方について、アレンからナイリーへの提案は？

スクリプトは次ページ ⮡

(N) Hi, Allen, it's my first Christmas in Japan. What shall we do for the Christmas holidays?

(A) Hmm, **listen**, we should go to Roppongi and check out[*1] the illumination.

(N) Oh, **it sounds beautiful.** ◀POINT

(A) It is.

(N) Good, and I heard about Tokyo Tower. So, how about[*2] going to see Tokyo Tower?

(A) Uh-huh. Sure, that would be great.[*3] We can walk from Roppongi.

(N) Oh really? It's that[*4] close[*5]?

(A) Yeah, it is.

(N) Oh, great.

(A) But it will be cold, so take a coat.

Words & Phrases

※1 check out : …を見る、調べる
※2 how about ... ? : …はどうでしょうか？
※3 that would be great. : それはいいですね。
※4 that : それほど、そんなに
※5 close : （距離が）近い

Nyree: アレン、私にとって日本ではじめてのクリスマスよ。クリスマス休暇はどうしようか？

Allen: うーん、こういうはどう？　六本木に行ってイルミネーションを見ようよ。

N: それはいいわね。

A: うん。

N: そうね、それと東京タワーについても（いいと）聞いたわ。東京タワーを見に行くのはどう？

A: もちろんいいよ、楽しそうだね。六本木から歩いて行けるよ。

N: 本当に？　そんなに近いんだ？

A: そうだよ。

N: それはいいわね。

A: でも寒くなるから、コートを持ってきて。

Phrase

8

POINT ▶ つながる会話Point

Sounds good.のバリエーションを
ストックしておこう！

相手の話に「いいね！」と相づちをうつのに、よく使われるのが(That) Sounds good.です。しかし、これだけくり返すのも味気ないですね。ナイリーが使っているSounds beautiful!のほか

● **Sounds amazing!** （〔驚くほど〕素晴らしい！）
● **Sounds brilliant!** （最高！）

などなど、いくつかストックしておきましょう。相づちについては、次の Chapter 3で詳しく扱うのでお楽しみに。

以前どこかで会ったこと あるような…

Have we met before?

🔊 09a - intro

そんなときに♪

Have we met before?

以前どこかでお会いしましたか？

会話例　🔊 09b - example

🧑 : Excuse me, have we met before?

👩 : Um . . . maybe. Did you used to go to HD pub in Shimokitazawa?

🧑 : Oh, that's right. I remember I sometimes used to see you there.

- -

M ： すみません、以前どこかでお会いしましたか？

F ： ええ、多分。前に下北沢のHDパブに出入りされてましたか？

M ： あ、そうだ。あそこでときどきお見かけしたのを思い出しました。

　ビジネスでの会合、セミナー、パーティーで。あるいは行きつけのお店で。「どっかで会ったことあるんだけどな…」というときに使えるフレーズです。

　このフレーズだけでもOKですが、Excuse meで始めるほうが無難です。あとに「たしか、去年の会議の席で？」などと、コメントできるとなおいいですね。フォーマル、インフォーマル両方で使えます。

　「どっかで会ったかも…」という気持ちは、相手も共有していることが多いもの。このフレーズで話しかければ、「あー、あそこで！」とうまく会話をスタートできますよ。答えがnoの場合も、軽く謝ってから、初対面のあいさつ→自己紹介と話し始めるきっかけにしてください。

Ryohei's Point

> 実はこのフレーズ、初対面だけど、どうしても話すきっかけが欲しい！ そんなときの裏ワザとしても使えます。ただ役者になりきることと、そっけなく返されても、落ち込まない図太さが必要ですけどね。

ほかの言い方　◀)) 09c-etc

❶ You look really familiar.

（どこかでお見かけしたと思うんですが。）

※Have we met before?とセットでも、これ単体でも使える。familiarは「馴染みがある」。

❷ Do I know you?

（どこかでお会いしましたか？）

※直訳は「私はあなたを知っていますか？」だが、実際にはHave we met before?と同じように使える。ただ、ややぶっきらぼうな印象。

Real Conversation　◀)) 09d-real　…Mike　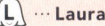…Laura

　それでは、リアルな会話のなかで、使い方をチェック！　マイクとローラはどこでお互いを知ったのかに注目してみよう。

スクリプトは次ページ ➡

M Hello. Uh, **have we met before? You look really familiar**※1.

L Yeah, so do you. Actually※2, I think we have. Um . . .

M How might I know you?

L Mm . . . are you from the New York office?

M Yes, I am.

L Oh, OK, I think we have spoken before. Your name is Mike, isn't it?

M Yeah yeah. **How did you know?** ◀ POINT

L Um, I think we've spoken on the phone. My name's Laura and I'm from . . .

M That's right! Yeah yeah yeah. From the London branch.

L Yeah yeah. I work in the marketing department※3.

M Ah, yeah, so . . . what are you doing here in Tokyo?

L Um, same as you. I'm here for the seminar.

M Ah, very nice. How long are you here?

L Uh, I'm here for about a week.

M Oh, very good and . . .

L How about yourself? ※4

M Only for three days.

L Oh, really? No time for sightseeing※5?

M Not at all. And then straight※6 back to work.

Words & Phrases

※1 familiar：おなじみの ※2 actually：実際に ※3 marketing department：マーケティング部 ※4 How about yourself?：あなたはどうですか？（How about you?の類似表現 ☞ 〔Phrase 33〕参照） ※5 sightseeing：観光 ※6 straight：まっすぐに

Mike: こんにちは。あの、どこかでお会いしましたっけ？　あなたに見覚えがあるんですが。

Laura: ええ、私もそうなんです。実際、お会いしたことありますよね。えっと…

M: どうやって、あなたのことを知ったんだろう？

L: う～ん、ニューヨーク支社から来ました？

M: ええ。

L: あっ、わかった、以前お話したことがあるんですよ。お名前はマイクですよね？

M: そうです、そうです。どうやって知ったんですか？

L: 電話で話したことがあるんですよ。私の名前はローラで…

M: そうだ！　そうそう、ロンドン支社の方ですよね。

L: そうです。マーケティング部のね。

M: そうかそうか。それで、東京で何をされているんですか。

L: あなたと同じ。セミナーのためです。

M: それはいいですね。どれくらいこちらに？

L: 1週間くらいですね。

M: それはいいな…

L: あなたは？

M: たったの3日間。

L: ほんとに？　観光の時間はなし？

M: まったく。仕事にまっすぐ戻らなきゃいけなくて。

POINT ▶ つながる会話 **Point**

- -

会話の種を見つけて質問する

How did you know?

会話を長く続けたい場合、相手の発言に新たな話題の種が隠されていないか、常に意識しておくといいですね。例えば、なぜ相手があることを知っているのか気になった場合、すかさず How did you know? と尋ねてみましょう。そこから新たな展開が生まれます。How did you know ...? のように、…部分に具体的な相手の発言を入れても OK です。

10 適切な会話トピック

　会話を楽しく続けるには、トピック（話題）選びも重要です。話し相手との関係が近ければ近いほど、選択の幅は拡がりますが、初対面であれば、逆にNGトピックのほうが多くなり、取り上げる話題に注意が必要になります。

　では初対面もしくはそれに近い相手とのトピックとして、無難なものを紹介していきます。でも、その前に、自己紹介の方法をちょっとおさらいです。

〈オールマイティな自己紹介表現〉　　　　　　　　　　　　🔊))10a

My name is Ryohei. Nice to meet you.
This is Ryohei. How do you do?

　みなさんよくご存知の表現ですね。オールマイティに使えるので、とりあえずこれらを押さえておけば大丈夫です。

　また、名乗る前に、〔Phrase 9〕で紹介した Have we met before? や〔Phrase 11〕 I really like your... を使って、会話が先に進んでしまった場合は、頃合いを見て、By the way...（ところで…）と言ってから、上記の自己紹介を行うといいでしょう。

　では、初対面のときの話題です。**1**「天気」、**2**「共通の知人」、**3**「仕事」、 **4**「周囲のモノや人」、**5**「いま自分がその場所にいる理由」あたりが無難だろうと思います。それぞれ次のように、導入できます。

〈初対面のときの話題の導入方法〉　　　　　　　　　　　　🔊))10b

1 **It's nice weather today, isn't it?**　（いい天気ですね〜。）

2 **So, how do you know Helen?**　（ヘレンとのご関係は？）
　※パーティーなどで、主催者との関係を聞く。

3 **What do you do for work?**　（お仕事は何ですか？）
　※What's your job? はすこしぶしつけな感じ。

4 **That couple looks amazing together, don't they?**
　（あのカップルはよくお似合いですね。）

5 **I actually come here a lot, usually every Saturday. How about you?** （実はここにはよく来るんですよ、普通毎週土曜日に。あなたは？）

逆にNGなのは、「宗教」「配偶者の有無」「子どもの有無」「年齢」などです。

見落としがちですが、国籍も聞き方によっては失礼になります。例えば、Are you American?（アメリカ人ですか？）のように、yes/no疑問文で尋ねると、決めつけ感があり、よい印象を与えません。加えて、日本ではまだまだ、「英語を話す、欧米系の外見＝アメリカ人」という発想が根強いようです。それでつい、Are you American?や Are you from America?と聞いてしまうようですが、これは、ほかの国の人にはけっこう嫌がられるんですよね。

国籍は次のように、オープンクエスチョンで尋ねるのが基本です。

◀)) 10c

Where are you from? （どちらのご出身ですか？）

次は、知り合いや友人の場合です。仲がよければよいほど、突っ込んだことも話せますが、どうしてもいい話題が浮かばないなぁというときあると思います。そんなときは、How was …?を使って、直近の出来事——週末や休暇のことなど——を尋ねるといいですね。

〈友人との雑談によく登場する質問〉　　　　　　　　◀)) 10d
How was your weekend? （週末はどうだった？）
How was your holiday? （休暇はどうだった？）
How was the meeting yesterday? （昨日の会議はどうだった？）
How was dinner last night? （昨日の夕食はどうだった？）

初対面、友人、シチュエーションに関わらず、会話が続くトピック探しの一番のポイントは、「共通の話題を見つける」ことです。

それとなく、自分が得意とする話題に興味があるかどうかをDo you like …?で聞いて、ジャブを入れるのもひとつのテクニックです。yesであれば、「ぼくもそうなんだよ」と一気に話を広げていけますし、noでもひるまずに、次のトピックを根気よく探していきましょう。

まったく共通項がない人はいないはずです！

11

エレベーターでの沈黙
き、気まずい…

🔊 11a - intro

そ ん な と き に ♪

I really like your T-shirt!

そのTシャツ、とってもいいですね！

会話例　🔊 11b - example

F : Hi, wow, I really like your T-shirt!

M : Oh, this one? Reina got it for me last year.

F : I see. Where did she get it? I really wanna buy one, too.

F ： こんにちは、あれ、そのTシャツかっこいいわね。

M ： あぁ、これ？　去年レイナにもらったんだ。

F ： そうなんだ。彼女はどこで買ったのかしら？　私もぜひ買いたいわ。

　エレベーターに限らず、会話の糸口がみつからないときは、ほめ表現が有効です。英語ネイティブは、会話のきっかけとして多用します。恥ずかしがらずにドンドン使ってみましょう。初対面の人に声をかけるときにも使えますよ。

　嘘をつく必要はないですが、相手の身につけているものに少しでもよいと思えるアイテムがあれば、すかさず——

- -

I really like your ＋ | ほめる物 | **!**

- -

　ポイントは、ちゃんと感情を込めること。reallyを強調するといいですね。

　ほめられるのが嫌な人なんていませんから、普通は、お礼とともに、その物にまつわるエピソードを披露してくれるなど、話題が膨らみます。

Ryohei's Point

> ミュージシャンをインタビューするとき、ぼくは必ず、彼らの作品（楽曲）をほめます。例えば I listened to your latest album and I REALLY liked it. のように。でも実はそれだけでは足りなくて、さらにもう一歩踏み込んで「○○という曲の△△がよかった」というところまでほめます。「より具体的にほめる」というのが、ワンランク上のテクニックです。

Phrase

11

ほかの言い方　　◀)) 11c - etc

❶ Look at your hat! It suits you.

（あなたの帽子！　似合っていますね。）

　　※ Look at your | ほめる物 | ！でほめる対象を限定してから、I really like it. や It suits you. と続けるのもよい。

Real **C**onversation　◀)) 11d - real　{M} … Mike　(L) … Laura

　それでは、リアルな会話のなかで、使い方をチェック！　ローラはマイクとの会話の糸口をうまくつかんだようです。

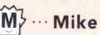
スクリプトは次ページ ➜

(L) Wow, Mikey, **look at this watch. I really like it. Where is it from?** ◀ POINT

(M) Oh, thanks. Um, yeah, I just got it as a present from one of my friends.

(L) OK, **where did she get it?** ◀ POINT

(M) She got it in Hong Kong, actually[1].

(L) Oh, really? It looks really interesting. Quite[2] expensive?

(M) No, I mean[3], Hong Kong, maybe you can get everything cheap. But . . . it's . . . I've never seen anything like it before. Just the design is very unique and the digital face[4], it's got letters[5] running down. So it's very strange, but . . .

(L) Hmm, I hope it lasts[6] longer than the watch I bought in Singapore.

(M) Why? How long did that last?

(L) About a week.

(M) Really?

(L) It costs about ten dollars. It fell apart[7] within a week.

(M) You must have been really upset[8].

(L) I was disappointed, but it was ten dollars. Not much.

(M) That's true.

Words & Phrases

※1 actually：実は　※2 quite：とても　※3 I mean：つまり　※4 digital face：デジタル時計の表示面　※5 letter：文字　※6 last ...：…（の期間）続く　※7 fall apart：バラバラになる　※8 upset：腹を立てて、取り乱して

Laura: マイキー、この腕時計、すごくいいわね。どこで買ったの？

Mike: ありがとう。友達からプレゼントとしてもらったんだ。

L: なるほどね、彼女はどこで買ったのかしら？

M: 香港だよ。

L: そうなの？　面白い形ね。高いのかしら？

M: いや、まあ、香港だからね、何でも安く買えるでしょ。でもこんなの見たことないよ。デザインがとてもユニークでこのデジタルの表記を見てよ、数字が下に流れていくんだ。とても変わってるんだけど…

L: 私がシンガポールで買った時計より長持ちするといいね。

M: なんで？　どれくらいもったの？

L: 約1週間よ。

M: ほんとに？

L: 10ドルしたんだけど。1週間でバラバラになっちゃった。

M: とっても頭にきただろうね。

L: 残念だったけど、10ドルだしね。たいしたことないわ。

M: それもそうだね。

POINT ▶ つながる会話Point

- -

ほめフレーズとセットの質問

Where is it from? / where did she get it?

ほめ言葉のあとに、質問を投げかければ、本当に興味があることが相手に伝わっていいですね。無難なのは、Where did you get it?（どこで買ったの？）。または、「なぜ系」のWhy did you choose this color?（なぜこの色を選んだの？）などです。価格については基本的にNGですが、相手が安く買えたことを喜んでいるようなら、逆に聞いてあげたほうが会話が盛り上がりますね。

12

あれ？
これって前に話したっけ…

🔊 12a - intro

そ　ん　な　と　き　に　↷

Did I tell you about today?

今日のことについて話したっけ？

会話例　🔊 12b - example

Ⓜ : Louise, did I tell you about today?

Ⓕ : No, not yet. What's happening?

Ⓜ : I'm going to interview David Beckham.

Ⓕ : You're joking!

- -

M : ルイーズ、今日のことについて話したっけ？

F : いや、してないと思うけど。今日がどうかしたの？

M : デイビッド・ベッカムの取材に行くんだよ。

F : うそでしょ！

　話題を切り出すとき、前に話したかもってことありますよね？　そんなとき
は——

- -

Did I tell you about ＋ 話 題 ?

- -

「よく覚えてないんだけど」という感情を込めて使ってくださいね。話題はひと言
にまとめて、Did I tell you about the dog?（あの犬について…）や、Did I tell you
about yesterday?（昨日のことについて…）とすれば大丈夫です。
　相手の反応がno（聞いていない）であれば、話題にスムーズに入っていけますし、
逆に、Yes, you already did.（うん、聞いたよ）だった場合は、Oh, OK, sorry. と話
題を切り替えるか、または How much did I tell you?（どこまで話したっけ？）と、
あくまでその話題にこだわるのもありですね。

Ryohei's Point

> ぼくは集中して話を聞いてほしいとき、初めて話すのがわかっ
> ていても、あえてこの表現を使うことがあります。一方的に話
> し始めるのではなく、相手のnoを受けているので、相手もよ
> り真剣に聞く姿勢になってくれるからです。

Phrase
12

ほかの言い方　◀)) 12c - etc

❶ Did I tell you that I have a phobia about crows?
（ぼくがカラス恐怖症だって話したっけ？）

※Did I tell you about ...と違い、thatのあとは文〈主語＋動詞〉が続く。

❷ Did you hear about Lara's recent news?
（ララの最近のニュースについて聞いた？）※ゴシップを話し始めるときによく使うフレーズ。

Real **C**onversation　◀)) 12d - real　{M}…Mike {L}…Laura

それでは、リアルな会話のなかで、使い方をチェック！　ローラの驚きの
ニュースにマイクは…

スクリプトは次ページ ➜

Ⓛ So, **did I tell you that I'm leaving at the end of this month?**

Ⓜ You're leaving? Why so?

Ⓛ I got a promotion[※1].

Ⓜ Ah . . . Congratulations[※2]!

Ⓛ Thank you.

Ⓜ But that's strange. You said you're leaving and you got a promotion.

Ⓛ Yeah, I'm gonna be moving to the branch[※3] in the west district[※4].

Ⓜ Very nice. So, what are you doing in there?

Ⓛ Um . . . I'm going to be moving into a more senior position[※5] and I'll be looking after[※6] a group of people. And I actually[※7] believe I've got some new employees[※8] coming from this branch as well.

Ⓜ Yes, **funny you should say that** ◀**POINT** because I just got transferred[※9].

Ⓛ Really? Are you going to be working with me?

Ⓜ It seems I will.

Ⓛ Excellent. I'm gonna look forward to[※10] being your boss[※11].

Ⓜ Yeah . . . uh . . . that seems like it would be really, really . . . I'm looking forward to it.

Ⓛ Good.

Ⓜ By the way, that's a lovely shirt you're wearing.

Ⓛ Thank you very much.

Ⓜ Purple suits you.

Words & Phrases

※1 get a promotion：昇進する　※2 Congratulations!：おめでとう！（☞詳細は〔Phrase 15〕参照）　※3 branch：支社　※4 district：地区　※5 senior position：上級職　※6 look after ...：…の世話をする　※7 actually：実は　※8 employee：従業員　※9 get transferred：異動になる　※10 look forward to ...：…を楽しみにする　※11 boss：上司

Laura: 私が今月末に（ここを）辞めるって言ったかしら？

Mike: 辞める？　どうして？

L: 昇進したのよ。

M: えぇ、おめでとう！

L: ありがとう。

M: でも、変だよね、辞めるって言ったのに昇進っていうのは。

L: 西地区の支店に異動になったのよ。

M: すごいね、で、あそこで何をするの？

L: えっと、もう少し上のポジションについて、グループの面倒を見るのよ。たしか、ここの支店からも新しい社員が来ることになってたはずだけど。

M: うん、奇遇なんだけど、実は、ぼくもちょうど異動になったんだよ。

L: ほんとに？　私と一緒に働くってこと？

M: ど、どうやらそのようだね。

L: それはよかった。あなたの上司になるのを楽しみにしているわ。

M: そうだね…　あの…　それはなんというか、と、とても楽しみにしているよ。

L: よかった。

M: ところで、いいシャツ着てらっしゃいますね。

L: どうもありがとう。

M: 紫がお似合いですよ。

Phrase
12

POINT ▶ つながる会話 Point

共通点からどんどん話を広げよう！

funny you should say that

会話継続のポイントは、お互いの共通項を見つけて、そこから話を広げることです。「あ、私もそう！」と思うことがあれば、この funny you should say that（奇遇だな）から話を展開すると自然です。そのあとはマイクのように、because でつなげてもいいですし、新たに文を始めることもできます。

13

特定の話題について
話し始めるには…

So, what's going on with…

🔊 13a - intro

そ ん な と き に

So, what's going on with your plan to visit us?

ところで、私たちを訪ねる計画はどうなってるの？

会話例　🔊 13b - example

M：So, what's going on with your plan to visit us in Tokyo?

F：Actually, I'll book the ticket soon.

M：Oh, really? When are you coming?

M　：　ところで、東京にぼくたちを訪ねてくる計画はどうなってるの？

F　：　もうすぐチケットを予約する予定よ。

M　：　ホントに？　いつ来るの？

So, what's going on with + 気になる話題 **?**

「あれどうなった？」と、気になる話題について、気軽に話し始めることができるフレーズ。「状況を教えて」というニュアンスです。with までは一気に《ワッツ・ゴーイノーンウィドゥ》と発話し、すこし間を開けて、話題をハッキリと伝えてください。フォーマル、インフォーマル、どちらでも使える表現です。

話の種は、多いほうがいい。だから、ぼくは人と会う前、「あれどうなった？」の質問の準備のため、前回の会話内容を思い出すようにしています。話が途切れそうなときに、サッとこの質問を挟んでいけば、うまく会話を続けられますよ。

ほかの言い方 ◀)) 13c - etc

Phrase 13

❶ **Could you tell me about the book you recently published?**

（最近出版されたご著書について話していただけますか？）

❷ **What's happening with the TV project you were talking about?**

（この前、話してたテレビのプロジェクトはどうなっていますか？）

※So, what's going on with … ?と同じ要領で使える。

Real Conversation ◀)) 13d - real … Mike 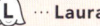 … Laura

それでは、リアルな会話のなかで、使い方をチェック！　マイクはローラが以前話していたことをきっかけに会話を始めたようです。

スクリプトは次ページ ➜

M So, what's going on with that photography project you were telling me about?

L **Oh, the portrait**[※1] **project?** ◀POINT Yeah, um, it's going OK. It's not, um, going so well at the moment[※2], but I think it will pick up[※3].

M How many people have you shot[※4]?

L Um, I think now it's 20 or 30 people. Um, I probably need maybe 30 more. Might be, be about the right number.

M Hmm. So, you're putting this all together[※5] for a book?

L Yeah, I think what we're gonna do first is put together an exhibition[※6].

M Uh-huh.

L And then, we'll release[※7] it as a book after the exhibition.

Words & Phrases

※1 portrait：肖像写真、肖像画
※2 at the moment：今、現在
※3 pick up：よくなる、上向く
※4 shoot：（写真などを）撮影する
※5 put together：…をまとめる、企画する
※6 exhibition：展覧会
※7 release：（本など）を発売する

Mike: それで、前に話してくれた写真のプロジェクトはどうなってる？

Laura: 人物写真のプロジェクトね？　そうね、悪くないわよ。いまちょっとうまくいってないけど、きっとよくなるわ。

M: 何人撮影したの？

L: 今のところ2〜30人ってところね。たぶん、あと30人くらいは必要かな。それくらいが、ちょうどいい数ね。

M: なるほど。で、それはみんな本にまとめるの？

L: ええ、まずやるのは展覧会かな。

M: そうなんだ。

L: そして、展覧会のあとに本をリリースするつもり。

Phrase

13

POINT ▶ **つながる会話 Point**

- -

話題のすり合わせ

Oh, the portrait project?

新しいトピックをスタートさせるとき、お互い何について話そうとしているのか、認識を共有する必要があります。ローラは、この表現で、うまくトピックのすり合わせを行っていますね。「写真プロジェクト」とマイクが言ったのに対して、「あの人物写真のプロジェクトね？」と具体的に尋ね返すことで、これから何について話すのかを明確にしているんですね。地味ですが、とても効果的な会話テクニックです。尋ね返し方としては、You mean the portrait project? や The portrait project, right? としてもいいでしょう。わざわざ疑問文の形にせず、サラッと聞き返すのが自然だと思います。

14 グリーティング

　45ページの〔つながる会話Point〕でグリーティング（こんにちは、さよなら
などの挨拶）について触れましたが、挨拶はやっぱりコミュニケーションの基本
です。もう少し、詳しく説明したいと思います。

●はじめの挨拶

　45ページでは、Hello、Hi、Heyの3つを取り上げましたが、ほかにも親しい間
柄（主に友人や同年代の家族）では、次のような挨拶をよく耳にします。

🔊 14a

All right?
Hi ya. ※女性が好んで使う。yaはyouの省略形。

　ほかにもいろんな挨拶がありますが、どれも意図するところは同じなので、
フォーマル（初対面の人、目上の人など）とインフォーマル（友人、家族など）で、
それぞれひとつ自分のお気に入りを身につけておくようにしましょう。

　次に、上の挨拶とセットで用いる、相手の機嫌を伺う表現ですが、代表選手は
ご存知How are you?（お元気ですか）です。これはフォーマルな場面でも使えるオー
ルマイティな表現ですね。ほかのバリエーションには次のようなものがあります。

1　How's it going?　（やあ、元気？） 🔊 14b

《ハッゼィッゴーイン》とサラッと発音されるので注意が必要。若干カジュアルな
表現なので、ビジネスシーンや目上に対しては使わないほうが無難でしょう。

A: **How's it going?**
B: **I'm good, thanks.** （元気だよ、ありがとう）

❷ How are you doing?（やあ、元気ですか？） ◀))14c

《ハゥヤドゥーイン》のようにサラッと発音される。How are you? と同じく、あらゆる場面で、誰に対しても使えます。

A: **How are you doing?**
B: **I'm alright. How about yourself?**　（元気だよ、キミは？）

　How are you? も含めて、以上の表現は、意味的には「調子はどう？」ですが、「やぁ」程度の感覚で使っている人も多くいます。なので、必ずしも I'm fine. Thank you. と答えなくてもよい、と覚えておきましょう（もちろん答えてもかまいません）。

●別れの挨拶

　さて、では、別れの挨拶はどうでしょうか。Bye! の代わりに、よく使われるのが——

❶ Take care.（じゃあね） ◀))14d

bye も take care もどんな場面でも誰に対してでも使えます。

A: **I'll see you tomorrow at the same time then.**
　（じゃあ明日も同じ時間に会いましょう。）
B: **OK, take care.**　（はい、じゃあね。）
A: **Bye.**　（バーイ。）

　意味を額面通りにとれば、「気をつけて」ですけど、グリーティングでは Bye と同じ意味です。ですから、Take care of what?（何に気をつけるの？）などと聞き返さないようにしてくださいね（笑）。

❷ See you ＋ ［次に会う日時・場所など］. ◀))14e

　あと便利なグリーティングは、See you ＋ ［次に会う日時・場所など］です。例えば——

1 See you next Monday. （では、次の月曜日に。）
2 See you at 6 p.m. in Shibuya. （では、渋谷で午後6時に。）
3 See you in three days. （では、3日後に。）
4 See you soon. （じゃあ、またすぐに。）
5 See you around. （またね。）

1 ～ **3** は、次回会う日時や場所の確認としても使えますよ。**4** と **5** は、具体的に会う約束がない場合に用います。

最後に好感度をアップさせるグリーティングのテクニックを紹介します。グリーティングのあとに、相手の名前（ふだん呼んでいる名前）を付け加えてみてください。

◀))14f

Good morning, Carole. （おはよう、キャロル。）
How are you, Mr. Takeda? （タケダさん、お元気ですか？）
See you soon, Lori. （じゃあまたね、ロリ。）
See you tomorrow, Mr. McNee. （マックニーさん、では明日。）

こうすることで、相手への印象がグッとよくなります。誰にとっても自分の名前の響きというのは、特別なものですからね。意識して使ってみてください。

Chapter 3

相手をのせる
気持ちのいい相づち

あなた　「昨日エド・シーランのコンサー
　　　　　トに行ったんだ」
相手　　「……」
あなた　「やっぱり、すごかったよ」
相手　　「……」

これじゃぁ、会話は弾みません。相手が
話を聞いているのかすらわかりません
ね。「えっ、ほんとに？」「へぇー」といっ
た相づちは、「相手の話を聞いてますよ、
興味をもってますよ」と伝える、とても
大切な会話テクニックなのです。

本章では、楽しい・悲し
い・驚いた、などなど
状況に応じた相づちを
学んでいきましょう！

15

気の利いた相づちで
相手を喜ばせたい

◀)) 15a - intro

そんなときに♪

Good for you!

よかったね！

会話例 ◀)) 15b - example

M : I'm going to be a father this October.

F : Wow! Good for you!

M : Thanks. I'm really really excited.

- -

M : 10月に父親になるようだよ。

F : うわぁ！　よかったね！

M : ありがとう、ホントに嬉しいよ。

　ポジティブなニュースを聞いたら、すかさず笑顔で Good for you!。相手の喜びに寄り添うことで、「もっと話したい」という気にさせます。

　何かをなし遂げたこと——例えば父親になる、試験に合格など——への称賛に加えて、これからチャレンジすること——例えば片思いの人への告白など——に対しての称賛、はげましとしても使えます。

　Really? や Wow! と組み合わせて使うと、いっそう気持ちが伝わりますね。さらなるプラスアルファとして、Good for you! のあとに、質問を投げかければ、相手はいっそう話しやすくなります。

Ryohei's Point

> FacebookやTwitterなどのSNS上で見かけたグッドニュースに対しても、Good for you!と書き込むことがよくあります。

ほかの言い方　◀))15c - etc

❶ Congratulations!

（おめでとう！）　※Good for you!と違い、これからのチャレンジに対しては用いない。

❷ What good news!

（おめでとう！）　※Congratulations!と同じ要領で使える。

Real Conversation　◀))15d - real　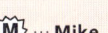 … Mike　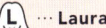 … Laura

　それでは、リアルな会話のなかで、使い方をチェック！　ローラの就職のニュースに対する、マイクの反応に注目。

スクリプトは次ページ ➜

Ⓛ Hey, thanks for putting me in touch with your friends※1 at the trading company※2.

Ⓜ Oh, yeah, anytime. No problem.

Ⓛ Yeah, actually※3, I've got some really good news. They offered※4 me a job. And I started working there about a week ago.

Ⓜ Really? **Good for you!**

Ⓛ Thanks. It's actually pretty surprising that people I work with are really nice, very pleasant. Everybody's really relaxed and friendly. And I think the best thing is that the salary※5 is **so** ◀【POINT】 much better than my old job.

Ⓜ Ah, **congratulations!** I'm **so** ◀【POINT】 glad you got it. So . . .

Ⓛ And, you know※6, like, the holiday pay※7 is good, you know. If you wanna take a few days off※8, that's fine. You can do it whenever and I think over the course of※9 the year, you get like 30 days holiday or something. It's amazing.

Ⓜ Thirty days holiday? My god. That's really good.

Ⓛ Yeah, I know and **so** ◀【POINT】 much other stuff※10, you get healthcare※11, they've got a really good pension plan※12 and all this opportunity※13 for promotion※14. It's really good.

Ⓜ Good. It's just making me wonder why didn't I go for that job.

Words & Phrases

※1 put A in touch with B：A（人）にB（人）を引き合わす、紹介する　※2 trading company：貿易会社　※3 actually：実は　※4 offer：…を提供する、申し出る　※5 salary：給料　※6 you know：（※間をつなぐフレーズ。☞詳細は〔Phrase 32〕参照）　※7 holiday pay：休日給与　※8 day off：休日　※9 over the course of ...：…の間に　※10 stuff：（漠然と）物、事柄　※11 healthcare：健康保険　※12 pension plan：年金制度　※13 opportunity：機会、チャンス　※14 promotion：昇進

Laura: やぁ、あの貿易会社のあなたの友達と引き合わせてくれてありがとう。

Mike: あぁ、いつでも。全然いいよ。

L: 実は、とってもいいニュースがあるの。その会社で仕事が決まったのよ。1週間前から働きだしているの。

M: ほんとに？　よかったね！

L: ありがとう。会社の人がみんな優しくて感じがいいのには驚きだわ。みんな落ち着いていて友好的なのよ。でもいちばんいいのは、前の仕事に比べて給料が段違いでよくなったことね。

M: おめでとう！　ぼくも本当に嬉しいよ。

L: それでね、有給（システム）もいいんだ。ちょっとした休みを取りたいときも全然大丈夫、いつでも取れるのよ。年間通して30日くらいの休みもあるのよ。びっくりだわ。

M: 30日の休み？　うわぁ、それは本当にすごいや。

L: そうよね、それだけじゃないのよ、健康保険も、素晴らしい年金もあるし、昇進できるチャンスもたくさんあるの。素晴らしいわ。

M: いいなあ。なんでぼくはその仕事に応募しなかったんだろう？

POINT つながる会話 Point

- -

特定の言葉を強調することで、意味が強まる

SO

〔Real Conversation〕にでてくる副詞のso（黒い太字部分）をもう一度聞いてみてください。かなり強調されていますね。強く発音することにより、soの「とっても」という意味が強まり、「と〜っても！」というニュアンスになるんです。また、最後のマイクのセリフのIも強調されています。ここは、「何で自分は応募しなかったんだ〜」と、自分を強調することで、より残念な感じを伝えているんです。

16

悲しい報せ…
思いやりのある相づちは何？

🔊 16a - intro

そんなときに♪

What a shame.

それは残念だね。

会話例 🔊 16b - example

M : My wife can't make it to my birthday party because of her work.

F : **What a shame.** Well, at least, I'll be there!

M : Thanks. Let's make it a great one!

M : 仕事があるから、奥さんはぼくの誕生日会に来られないんだって。

F : それは残念ですね。少なくとも私は絶対参加するからね！

M : ありがとう。最高のパーティーにしよう！

　ネガティブなニュースに対する相づちです。shame は「残念なこと」という意味。what で始まる感嘆文で、「ほんとに残念だね」と強調しています。Good for you!（☞〔Phrase 15〕参照）とは逆に、悲しい気持ちに寄り添うことで、相手の話を引き出します。

　ポイントはふたつ。まず、あまり深刻でないニュースに使うのが無難です。深刻度の高い話題に対しては、日本語の場合と同様、相づちは臨機応変に変わります。コレというフレーズはないのが実情なんです。

　もうひとつは、当たり前ですが、心を込めて言うことが大切ですね。

Ryohei's Point

　経験上、このフレーズのあとには下手に慰めの言葉を続けないほうがいいと感じてます。ただ同情の相づちが欲しいだけ、ということも多いので。個人的には、感情を込めて What a shame. それだけで十分かな、と思ってます。

ほかの言い方　🔊 16c - etc

❶ That's too bad.

　（お気の毒に。）　※これも軽めの表現なので深刻な状況には使えない。

❷ What a pity.

　（残念。）　※What a shame. の方が若干、同情の意味合いが強い。

❸ I'm sorry to hear that.

　（それはお気の毒に。）　※What a shame. と同様に使えるだけでなく、深刻な話題でも使える。

Phrase

16

Real Conversation　🔊 16d - real　Ⓝ … Nyree　Ⓐ … Allen

それでは、リアルな会話のなかで、使い方をチェック！　職探しがうまくいかないアレンへの、ナイリーの思いやりが感じられます。

スクリプトは次ページ ➦

🅝 Hi, Allen, how was the interview※1?

🅐 Um, well, I thought it went well, but they just called me, and I didn't get the position.

🅝 Oh, **what a shame.**

🅐 I know, I know. I really wanted this job.

🅝 Yeah yeah, so is there anything else on the horizon※2?

🅐 Yeah, I've got a few more interviews coming up next week, but, you know※3, I've just lost all my confidence※4.

🅝 Oh, **that's too bad.**

🅐 Yeah, I know.

🅝 So, what do you think you're gonna do next? Do you need to update※5 your résumé※6 or do you need some interview practice? Cos※7 **I can help you out if you need!** ◀POINT

🅐 Oh really? That would be great. I'd love to do some mock interviews※8 with you.

🅝 Yeah, sure, sure, like, have you got any time next week?

🅐 Uh, sure.

Words & Phrases

※1 interview：（就職）面接
※2 on the horizon：何かが起こりかけて
※3 you know：（※間をつなぐフレーズ。☞詳細は〔Phrase 32〕参照）
※4 confidence：自信
※5 update：更新する
※6 résumé：履歴書
※7 cos：〔口語表現〕becauseの省略形
※8 mock interview：模擬面接

Nyree: アレン、面接はどうだった？

Allen: うまくいったと思ったんだけど、たった今電話があって、だめだったよ。

N: あぁ、それはお気の毒。

A: うん、本当にあの仕事がしたかったんだけどなぁ。

N: ほかに何かあてはあるの？

A: うん、来週、2、3面接があるんだ。でも、もう自信を全部なくしちゃったよ。

N: あぁ、それはひどい。

A: うん、そうなんだ。

N: じゃあ次はどうするつもり？　履歴書を更新する？　面接の練習をする？　なんなら私が手伝ってあげるわよ！

A: 本当に？　それは助かるよ。ぜひ君と面接の練習をさせてよ。

N: いいわよ。例えば来週時間ある？

A: もちろん。

Phrase

16

POINT ▶ つながる会話 Point

好意の表現はさりげなく

I can help you out if you need!

このような定型フレーズは、ひと息でサラッと言うのが自然な英語のポイントです。押しつけがましさをださないのがクールです。「何かできることがあったら手伝うから、いつでも声をかけてね」という思いやりを伝える表現で、このあとに Call me anytime.（いつでも電話して）などをつけるとより完璧ですね。

17

そのとおり！ 大賛成！！
って気持ちを伝えたい

Absolutely !

🔊)) 17a - intro

そ ん な と き に ♪

Absolutely.

まったくそのとおり。

会話例　🔊)) 17b - example

M : I think the chocolate donut goes well with our new coffee.

F : Absolutely.

M : I'm glad you agree.

- -

M ： 新しいコーヒーにはあのチョコレートドーナツが合うと思うな。

F ： まったくそのとおりね。

M ： 賛成してくれて嬉しいよ。

相手の発言への強い同意を表す相づちです。カジュアル、フォーマルに関係なく、ひと言で相手をのせられるので、積極的に使ってみましょう。lu部分を強く発音します。

ポイントは当然ながら、うなずきなどのジェスチャーといっしょに用いることですね。

相手にしっかり聞こえるように発言してもいいですが、ぼくはインタビューのときには、ひとり言的につぶやきます。相手の発言を邪魔せずに、好印象を残すテクニックです。深いうなずきとともに用いればさらに効果的です。

ほかの言い方　◀)) 17c - etc

❶ I agree.
（私もそう思います。）　※Absolutely.と同じ意味で使える。with youをあとにつなげてもよい。

❷ I definitely agree with you on that.
（本当にそうだと思う。）
※同じ意味で使える。

Phrase

17

Real Conversation　◀)) 17d - real　 … Mike　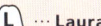 … Laura

それでは、リアルな会話のなかで、使い方をチェック！　マイクとローラは誰を採用するかで、相談しています。ふたりの意見は…

スクリプトは次ページ ➜

L) So, we have a choice of who to pick※1. We've got two people, Patrick and Tara. Um, any preferences?

M) Um, I'm, I'm actually leaning towards※2 Tara.

L) OK, OK. Why?

M) Uh, definitely a strong candidate※3. **Very friendly. Hard working. Determined**※4. ◀ POINT

L) **Absolutely, yeah.** Yeah, I must say I thought Patrick was, uh, rather※5 arrogant※6 in the interview※7.

M) Mm. **I definitely agree with you on that.** And I couldn't really understand what he was talking about at times※8. He was just babbling on about※9 himself and . . .

L) Yeah, there was a lot of babbling. **I agree.** Um . . . yeah, but I think Tara is definitely gonna be good for the position※10. Um, so I guess now all we have to think about is who's gonna break the bad news※11 to Patrick.

M) Um, well, I could do it if you want.

Words & Phrases

※1 pick：…を選ぶ　※2 lean toward：（意見など）に傾く　※3 candidate：候補者
※4 determined：決然とした　※5 rather：かなり、ずいぶん　※6 arrogant：傲慢な、横柄
な　※7 interview：（就職）面接　※8 at times：ときどき　※9 babble on about ...：…に
ついてくだらない話しをする　※10 position：職業、地位　※11 break the news：ニュース
を知らせる

Laura: ところで、誰を選ぶか選択権があるわけだけど。パトリックとタラのふたりがいるわね。どちらか好みはある？

Mike: う〜ん、ぼくは実をいうとタラに傾いているんだ。

L: なるほど、なるほど。どうして？

M: 間違いなく、強力な候補者だよね。親しみやすくて、勤勉だし、やる気もある。

L: まったくそのとおりね。パトリックは、面接のとき、かなり傲慢に感じたと言わざるをえないわね。

M: うん、本当にそうだと思う。それに、ときどき、何を言っているのかよく理解できなかったよ。自分のことについてくどくど話してさ。

L: うん、くだらない話が多かった。ほんとに。でも、タラはこの仕事にまさにピッタリだと思うわ。ということは、私たちが考えなきゃいけないのは、誰がパトリックに悪い報せを伝えるか、ね。

M: ああ、もし君が望むのなら、ぼくがやるよ。

Phrase

17

POINT ▶ つながる会話 Point

形容詞を並べるだけでも OK

Very friendly. Hard working. Determined.

形容詞はその字が表すごとく、何かを形容・説明するときに使います。当然、複数の特徴を持った人・モノ・事象もあるわけで、それらを描写するときは、単純に形容詞を羅列するだけでも OK です。より多彩な表現になりますよ。

18 臨機応変な相づち

Chapter 3 では、シーンを限定した相づちを紹介していますが、「へぇ」「ふんふん」というように、場面に関わらず幅広く使える相づちもあります。代表的なのは、やはりコレでしょう。〔Real Conversation〕でもくり返し使われています。

◀)) 18a

Uh-huh.

しかし、ここでぜひ身につけてほしいのは、「相手の発言をそのまま疑問文にして問い返す相づち」です。こう書くとなんだかややこしそうですが、つまりは、「昨日、ジョナサンに会ったんだ」→「へぇ、昨日ジョナサンに会ったんだ？」と返すことです。英語にすると——

◀)) 18b

例1 A:　I saw Jonathan yesterday.
　　 B:　Did you?

Did you? という、とても簡単な相づちになります。これは相手の発言をそのまま疑問文にした Did you (see Jonathan yesterday) ? から、（　　）で囲まれた部分をカットしているんですね。see Jonathan yesterday は、相手の発言とそっくり重なるので、わざわざ口にださなくてもいいんです。

実際の会話では、「相手の発言を疑問文にして、それから重複分を省略して…」と考えている暇はないので、一般動詞を使った発言に対しては Do you?、それが過去形になっていれば、Did you? と反射的に反応できるようにしておきましょう。そのほか、動詞が be 動詞の場合は、次のようになります。

◀)) 18c

例2 A:　I was in Shibuya with my mother yesterday.
　　　 （昨日、お母さんと渋谷にいたんだ。）
　　 B:　**Were you?**　（そうなの？）　※be 動詞の過去形を用い、主語を I ⇒ You に変化

主語がIではない場合、また否定形の場合は──

🔊 18d

例3 A: She didn't go to that pancake restaurant in the end.
(結局、彼女はあそこのパンケーキ屋さんには行かなかったよ。)

B: Didn't she? （そうなの？）
※一般動詞の過去形の否定文なのでDidn'tを用い、主語はsheのまま。

ちょっと文法の学習っぽくなりましたが、きっと役に立つポイントなので、少し我慢してくださいね。この相づちの類似形として、次のようなものもあります。

🔊 18e

例1' A: I saw Jonathan yesterday.

B: You did? ※did = saw Jonathan yesterday

例2' A: I was in Shibuya with my mother yesterday.

B: You were? ※wereのあとは in Shibuya with my mother yesterday を省略

例3' A: She didn't go to that pancake restaurant in the end.

B: She didn't? ※didn't = didn't go to that pancake restaurant in the end.

この3つは、どれも疑問文の形をとってませんが、文末を上がり調子で読むことで、疑問のニュアンスを加えています。

さらには、**例1** **例2** **例3** と **例1'** **例2'** **例3'** 、それぞれのパターンで文末を下降調で発音するケースもあります。その場合には、当然、疑問の意味が弱まります。微妙なニュアンスの違いを、あえて日本語で表現すると… Did you?（えっ、そうなの？）／ You did?（そうなの？）／ Did you.（へぇ、そうなんだ）／ You did.（そうなんだ）という感じでしょうか。

これらの相づちは、相手の発言に即しているため、相手に「自分の話をしっかり聞いてくれている」という安心感を与えます。積極的に使っていきましょう。

ただ、とっさに主語、時制を揃える必要があるので、使いこなせるようになるには少し時間がかかるかもしれません。でも、間違いながらチャレンジしていくうちに、少しずつですが絶対自分のモノになっていきます。ぼくがそうでした（と言いつつ、今でも間違うことはありますが…）。

さあ、相づちの達人への第1歩を踏み出しましょう！

19

びっくりニュースへの反応をう
まく言葉で表せない…

🔊 19a - intro

そんなときに↝

Are you kidding?

うそでしょ？

会話例　🔊 19b - example

M : I'll be on TV next Tuesday.

F : Are you kidding? On what kind of show?

M : It's a comedy show called *BBCE* on channel 12.

M : 来週の火曜日、テレビにでるんだ。

F : うそでしょ？　何に？

M : BBCE という 12 チャンネルのバラエティー番組なんだ。

　驚きのニュースには、びっくりしたことをちゃんと示したほうが、相手もノッてきて、話しやすくなります。そのための相づちフレーズがAre you kidding?　基本的にカジュアルな場面で使われます。

> 楽しい会話を演出するには、役者になることも大切です。相手が喜びそうなら、このフレーズで大げさに驚いてみるのも相手への思いやりだと思います。驚いた表情を作るのも忘れずに。

ほかの言い方　◀))19c-etc

❶ You are kidding.

（うそでしょ。）　※肯定文でも使える。意味はまったく同じ。

❷ Seriously? / Seriously.

（マジで？）　※Are you kidding? と同じ意味で使える。上昇・下降調どちらでも同じ意味。

❸ No way!

（そんな！）

※「信じられない」という驚きを表す。yes / no 疑問文への返答として用いると「絶対ノー」という異なる意味になる。

Real Conversation　◀))19d-real　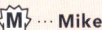…Mike　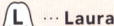…Laura

　それでは、リアルな会話のなかで、使い方をチェック！　ローラはマイクに、彼女のことを尋ねていますが、話は驚きの展開に…

スクリプトは次ページ ➜

Ⓛ So, how are things going with the girl you were seeing※1 last weekend?

Ⓜ Oh, it's amazing.

Ⓛ Really?

Ⓜ Yeah. I mean※2 **I've never been so happy in my entire life**※3. ◀ POINT

Ⓛ Oh, that's good to hear. I'm glad.

Ⓜ Yeah, and um . . . I've got some other news.

Ⓛ Yeah?

Ⓜ Uh . . . we just got engaged※4.

Ⓛ **You're kidding!**

Ⓜ No no. I'm totally※5 serious※6.

Ⓛ Really?

Ⓜ You, you met her. She's perfect.

Ⓛ You've only known each other like two weeks.

Ⓜ Yeah, but it doesn't matter. Like, as, as soon as※7 I saw her, I knew she was the one※8.

Ⓛ Seriously?

Ⓜ Seriously.

Words & Phrases

※1 see：（異性と）つきあう
※2 I mean：つまり
※3 entire life：全人生
※4 get engaged：婚約する
※5 totally：完全に、まったく
※6 serious：本気の
※7 as soon as ...：…するとすぐに
※8 the one：選ばれし人

Laura: ところで、先週末デートしてた女の子とはどうなの？

Mike: もう最高だよ。

L: ホントに？

M: うん、これまでの人生の中で、こんなに幸せだったことってないな。

L: よかったじゃない。私もうれしいわ。

M: うん、で… ほかにもニュースがあるんだ。

L: そうなの？

M: えっと… ぼくたち婚約したんだ。

L: うそでしょ！

M: いやいや、完全に本気。

L: ホントなの？

M: 君も会ったでしょ。彼女は完璧なんだよ。

L: お互い知りあって、たったの2週間かそこらでしょ。

M: そうだよ。でもそんなの関係ないよ。会った瞬間、彼女こそがその人だってわかったんだ。

L: 本気？

M: 本気。

POINT つながる会話 **Point**

大げさ表現はneverを使おう

I've never been so happy in my entire life.

ポジティブな感情は大げさに表現するくらいが、会話のスパイスとしてはちょうどいいかもしれません。単に I'm so happy と言うよりも、I've never been so happy. としてみましょう。さらに大げさ感をだしたければ、I've never been so happy in my entire life. はどうでしょうか？ never を強く発音することで、より感情が伝わりやすくなりますよ。

20

あ、それ知ってる！

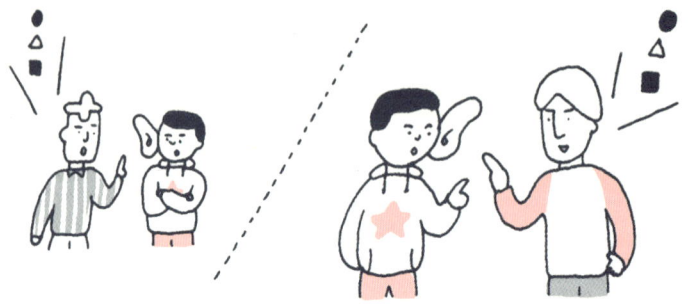

🔊 20a - intro

そ ん な と き に ♪

> # That's what I heard.
>
> そのようですね。

会話例　🔊 20b - example

F : Did you know that Suzy is going to be our new team leader?

M : Yeah, that's what I heard.

F : I think she is the right one.

F : スージーが新しいチームリーダーになるって知ってた？

M : うん、そのようだね。

F : 彼女は適任だと思うな。

　相手の発言内容についてすでに知っていることであれば、That's what I heard. と意思表示することが大切です。直訳は「それは私が聞いたことだ」ですが、こなれた日本語にするなら「そのようですね」という意味。

　これにより、両者がある話題を共有していることを確認でき、相手としても安心して、その話題に関する感想や、新情報を口にできるようになります。

　似た表現にI know.がありますが、実はコレ「そんなこともう知ってるよ」という、少し傲慢なニュアンスを含むことも。なので、I know.よりは、断然That's what I heard.のほうがオススメです。

Ryohei's Point

インタビューでは、この表現を使って、私はあなたのバックグランドをよく知っています、よく調べています、ということをさりげなくアピールしています。好印象を与えて、相手の口の滑りをよくする作戦です。

ほかの言い方　🔊 20c - etc

❶ So I heard.

（そうらしいね。）　※That's what I heard.と同じ要領で使える。

❷ Sounds like it.

（そのようですね。）　※同じ要領で使える。

❸ So you said.

（そうおっしゃいましたね。）

※第3者からの情報ではなく、「"あなたが"言ったので知っている」という意味。

Real Conversation　🔊 20d - real　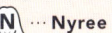…Nyree　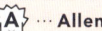…Allen

それでは、リアルな会話のなかで、使い方をチェック！　アレンとナイリーの同僚にいいことがあったみたいですよ。

スクリプトは次ページ ↰

🅐 How are you?

🄽 Yeah, not bad. Did you stay back late※1 last night?

🅐 Yeah, I did, but not as late as Steve. Did you hear he's getting a promotion※2?

🄽 Yeah, **that's what I heard.**

🅐 Yeah, he's been promoted to※3 vice president※4.

🄽 Really?

🅐 Yeah, he's gonna be transferred to※5 the New York office.

🄽 I can see why he is so excited lately※6.

🅐 Yeah, he is.

🄽 And when is he moving?

🅐 He's moving next month.

🄽 Oh, right. Is he married?

🅐 Uh, yeah, he is. He's got two kids.

🄽 Right. So, will his family be moving soon?

🅐 Yeah, I think in a few months.

🄽 Right, right. **Have you been to the New York office?** ◀POINT

🅐 No, I've never been there.

🄽 I heard it's right in the heart of※7 New York.

🅐 Yeah, I think so. I really wanna go visit.

🄽 Yeah yeah, me too. It sounds like a great promotion※8 for him.

Words & Phrases

※1 stay back late：遅くまで残る　※2 get a promotion：昇進する　※3 be promoted to ...：…に昇格する　※4 vice president：副社長（組織によっては、部長程度の役職に使われることも）　※5 be transferred to ...：…に転勤になる　※6 lately：最近　※7 in the heart of ...：…の中心地　※8 promotion：昇進

Allen: 元気？

Nyree: うん、元気。昨晩は遅くまで残ってたの？

A: まあね、でもスティーブほどではないよ。彼が昇進すること知ってた？

N: うん、そう聞いたわ。

A: 副社長に昇進したんだよ。

N: ほんとに？

A: うん、ニューヨークオフィスに転勤だって。

N: それで、最近機嫌がいいわけね。

A: そうだよね。

N: それで、引っ越しはいつなの？

A: 来月。

N: そうなんだ。彼って結婚してるの？

A: うん。子どもが2人いるよ。

N: ということは、家族もすぐに引っ越すのかな？

A: そうだね、数カ月してからみたい。

N: なるほど。ニューヨークオフィスに行ったことある？

A: 行ったことないんだよね。

N: ニューヨークのまさに中心部にあるって聞いたわ。

A: そうだよね。行ってみたいな。

N: 私もよ。彼にとっては素晴らしい昇進よね。

POINT ▶ つながる会話 Point

- -

会話をつなげる無難な質問

Have you been to ＋ ［場所］ ?

△△に行ったことある？―― 何らかの話題が欲しいとき、どんな場面でも使える無難な質問がコレ。話が途切れそうなとき、それまでの会話で登場した場所を使って、この質問をしてみるといいですね。ナイリーのように、ニューヨークオフィスというキーワードから、アレンにこの質問をするのはとても自然な流れです。

21

よくぞ言ってくれました！

Great!

That's what I'm saying!!

🔊 21a - intro

そんなときに♪

That's what I'm saying!

そうでしょ！

会話例　　🔊 21b - example

Ⓜ : Not many people agree with me, but I really recommend this chocolate bar.

Ⓕ : Wow, this tastes really good.

Ⓜ : That's what I'm saying! It's the best chocolate I've ever had.

M : あまり賛成してくれる人いないんだけど、このチョコスティックがすごいオススメなんだよ。

F : わー、これホントに美味しい。

M : そうでしょ！　これまででいちばんのチョコレートだよ。

　相手が自分の意見に同意してくれたとき、自分がこれまで言い続けてきたのと同じことを相手が発言したとき——「そうなんだよ！」と強い共感を示すフレーズです。これにより、ある事柄について意見を共有していることがはっきりするので、相手としてもそのトピックについて話を膨らましやすくなります。

　最初のThat'sを強調して、《ダッツ・ワライムセイーン》のように言いましょう。フォーマル、インフォーマル両方の場面で使えます。

> 誰にとっても、自分の意見が受け入れられるのは、気持ちいいですよね。気持ちよくなれば、口も滑らかになります。ですから、ぼくはなるべくこのフレーズを会話に入れて相手を盛り上げるようにしています。

ほかの言い方　🔊 21c - etc

❶ That's exactly what I'm thinking.
（ぼくもまさにそう思っているんだ。）
　※sayingをthinkingに替えているが、ニュアンスは同じ。また、完了形 what I've been saying [thinking]で用いることもある。

Phrase 21

❷ That's exactly what it is.
（まさにそういう事だね）　※客観的にみて、相手の考えが正しいと伝える表現。

Real Conversation　🔊 21d - real　Ⓜ …Mike　Ⓛ …Laura

それでは、リアルな会話のなかで、使い方をチェック！　マイクとローラは職場の雰囲気を同じように心配しているみたいですね。

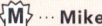

スクリプトは次ページ ➡

M All right. Well, we need to figure something out※1 because . . . right now . . . things are not going smoothly in this branch※2. ◀POINT

L Yeah, I have noticed※3 that, um, there seems to be a lot of dissatisfaction※4 amongst※5 the employees at the moment.

M Hmm . . . **That's exactly what I'm saying.**

L Hmm . . . Do you have any suggestions※6?

M Um . . . well, I've been thinking about this for a bit and I think if we did a little bit more training※7, I think things would start to pick up※8 a bit. Um . . . if we get some of the workers who don't know what they're supposed to※9 be doing to perform※10 more smoothly, . . . I think there would be a lot higher approval rating※11 and customer satisfaction※12 would increase※13.

L Yeah, **that's exactly what it is.** I think they definitely※14 need more motivation※15 through training. They'll feel much more competent※16 about doing their jobs.

M Hmm . . . OK. So let's set that up※17.

L OK.

Words & Phrases

※1 figure out：…を解決する　※2 branch：支店、支社　※3 notice：…に気がつく　※4 dissatisfaction：不平、不満　※5 amongst：（＝among）…の間で　※6 suggestion：提案　※7 training：研修、訓練　※8 pick up：上向く、しだいによくなる　※9 be supposed to do：…することになっている、すべきである　※10 perform：果たす、実行する　※11 approval rating：支持率　※12 customer satisfaction：顧客満足度　※13 increase：大きくなる、増える　※14 definitely：たしかに　※15 motivation：意欲、やる気　※16 competent：適任の、（～する）力量がある　※17 set up：…を準備する、計画する

Mike: よし、ぼくたちには解決しなければならないことがあると思う。というのも…今、この支店では物事がうまく進んでいないよね。

Laura: ええ、私も、今、社員の間に不満がたまっていることに気づいているわ。

M: まさに、その通りなんだよ。

L: 何か提案ある？

M: そうだね…　これはしばらく考えてたことなんだけど、もう少し研修を実施すれば、状況もちょっとは上向くと思うんだけど。何をすべきか理解できていない社員を、よりうまく働けるようにしてあげられれば…　より高い支持率を得られるだろうし、顧客満足度も向上すると思う。

L: まさにそういうことね。彼らは、研修を通して、もっとやる気を身につける必要があるわね。各自の仕事に自信を持って取り組めるようになるだろうし。

M: よし、じゃぁ、研修を手配するようにしよう。

L: 了解。

Phrase

21

POINT　つながる会話Point

- -

〈結論 → 理由〉というロジック

会話をつなげていくためには、個々の表現はもちろん、英語らしい会話展開を意識する必要があります。その代表的なものが、「まず結論、それから理由」という形。これが英語ネイティブスピーカーにはわかりやすい展開なのです。でも日本語は「理由、それから結論」が一般的。英語が完璧でもここが逆になると、伝わるけれど、まどろっこしい表現になります。スムーズな会話展開の妨げになりかねませんので要注意。

22 副詞の便利な使い方

「自分の気持ちをもっと忠実に表現したい。」

　これは外国語として英語を学んでいるあなたが、よく感じるもどかしさではないでしょうか。

　表現の幅は、インプットした英語の量に比例するので、つまるところ、日々の努力でしか獲得できません。ただ、簡単に表現に彩りを加える方法として、副詞の活用に意識を向けてみてください。

　例えば、あなたはある求人広告に目を留めました。「これこそ私が求めていた仕事だ！」と胸が高鳴ります。この想いを伝える英文は I want to get that job.（あの仕事につきたい。）でしょうか？　いやいや、そんな軽い想いじゃない？　ではどうしますか？

　なるほど、副詞の really を使う、ですか。

◀)) 22a

I really want to get that job.　（あの仕事に本当につきたいんだ。）

　いいですね。より真剣さが伝わってきました。このように副詞は、表現に深みを加えてくれるスパイスなんですね。

　とくに really は便利で、さまざまな場面で使えます。ただ、使いすぎて陳腐化してしまうこともあります。そんなときは、もう一段上の情熱を表す副詞を使ってみましょう。例えば、次の3つなんかいいですね。

◀)) 22b

genuinely　（正真正銘に）
honestly　（心から）
seriously　（真剣に）

先ほどの例文に入れると、次のようになります。

🔊 22c

I genuinely [honestly / seriously] **want to get that job.**
（その仕事につきたくて、つきたくて仕方ない。）

　また、副詞のいいところは、基本的に文のどこにもってきても、意味が通じてしまう点です。語順で、あれこれ頭を悩ませなくてもいいんです。例えば、I want to get that job. が、まず口をついてでたとしても、あとから文末にくっつけることができます。

🔊 22d

I want to get that job, genuinely.

　逆に、冒頭で想いのたけをぶつけてから話すというのもアリです。

Seriously, I want to get that job.

　どちらも基本的な意味は同じですが、ニュアンスが微妙に違います。

1 **文末に置いた場合：** 気持ちの余韻を残す、念を入れる感じになり、「忘れないでね」というニュアンスが加わる

2 **文頭に置いた場合：** 文全体を強調する。最初に持ってくることで、「私は今から重要なことを話します」という合図にもなる

　副詞のバリエーションを増やし、うまく使いこなせるようになれば、気持ちと表現の格差にやきもきすることも減っていきます。

　副詞をぜひ積極的に使ってみてください。

〈おまけ1〉　◀)) 22e

〔Phrase 19〕の〔Real Conversation〕で、副詞を単体で使っているセリフがあったので、念のためその解説を付け加えておきます。

相手が自分のいうことを信じてくれないとき、または、疑っているのがわかるときは、次のように使えます。

Seriously!
Honestly!　（本気だよ！　信じてよ！）

※ Genuinely! というのは一般的な表現ではありません。

〈おまけ2〉　◀)) 22f

ネイティブスピーカーがよく使う（半分口癖になってる人もいます）副詞をひとつ紹介します。それは、literally。

意味は「文字通り」。動作や様子を描写する際、頻繁に使われます。描写にリアリティがでて、表現が活き活きしてくるんですね。例えばこんなふうに使います。

After that, he literally jumped on the bike.
（そのあと、彼は文字通り自転車に飛び乗ったのよ。）

あなたもお気に入りの副詞を見つけてみませんか？

Chapter 4

相手の気持ちを
引き出すフレーズ

会話は共同作業です。「自分が話さなけ
れば」という固定観念から、ちょっと離
れてみましょう。相手の発言をうまく引
き出せれば、力をかけずとも、会話は自
然に続くのです。

本章では、よい意味で他力本願の会話法
をご紹介。シンプル＆ミニマムなフレー
ズで、会話がいっきに弾みだします。

23

もっと詳しく知りたい！
具体例を引き出すには？

🔊 23a - intro

そんなときに♪

Such as?

例えば？

会話例 🔊 23b - example

M : I like low-budget B films. I usually rent them at the shop.

F : Such as?

M : Do you know the one where two aliens come to Osaka and become comedians?

M : 低予算のB級映画が好きなんだ。レンタルするのはそれ系が多いよ。

F : 例えばどんなの？

M : あの2人の宇宙人が大阪で芸人になるやつ知ってる？

　ミニマムな表現で相手の発言を引き出すお手本のようなフレーズです。「例えば？」と水を向けられたら、相手も具体例を挙げざるをえないので、会話が自然につながっていくんです。

　相手の話を聞いて、「もっと詳しく知りたい」「具体的な話を引き出せそう」と思ったら、ぜひ使ってみましょう。

　ポイントは、文末を上げること。カジュアルな表現なので、フォーマルな場面や目上の人には使わないほうがいいですね。代わりの丁寧な表現として、Could [Can] you give me some examples? などがあります（☞以下の〔ほかの言い方〕参照）。

Ryohei's Point

> このひと言で、会話が大きく広がるので、うまく使えたときは快感です。ただ、相手は意識的に具体例を控えている可能性もあるので、Such as?のあと、言いよどんでいる場合にはそれ以上つっこまないようにしましょう。

ほかの言い方　◀)) 23c - etc

❶ **Like where? / Like what? / Like who? / Like how?**

（例えばどこ？）

※Like 疑問詞 ？で用いる。さらにカジュアルな表現なので、気心知れた仲限定。

❷ **For example?**

（例えば？）　※Such as?と同じ要領で使える。

❸ **Could you give me some examples on that?**

（それについてもう少し具体例をいただけますか？）　※質問内容は同じだが、とても丁寧。

Real Conversation　◀)) 23d - real　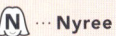…Nyree　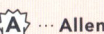…Allen

それでは、リアルな会話のなかで、使い方をチェック！　アレンとナイリーが休暇について意見をだしあっているみたいです。

スクリプトは次ページ ➥

Ⓐ Hey, Nyree.

Ⓝ Hey.

Ⓐ You know Golden Week's※1 coming soon.

Ⓝ I know.

Ⓐ I think we should go somewhere.

Ⓝ OK, so where would you like to go?

Ⓐ Um, well, I wanna go some place warm.

Ⓝ **Such as?**

Ⓐ Well, I was thinking Thailand.

Ⓝ Thailand, mm, Thailand is warm and, you know, we can do trekking※2 or go to the islands, but I've been there three times already.

Ⓐ Oh, really?

Ⓝ Yeah, so I was thinking of going somewhere different.

Ⓐ **Such as?**

Ⓝ Well, what about Hawaii?

Ⓐ Hawaii? That would be nice, but it's really expensive around Golden Week.

Ⓝ Mm, that's true. Well, why don't we go to a city holiday※3?

Ⓐ A city? **Like where?**

Ⓝ Well, what about going to Vietnam? We can go and see Helen.

Ⓐ Oh, **that's true!** ◀ POINT

....

Words & Phrases

※1 Golden Week：（※ゴールデンウィークは和製英語。日本でしか通じない。）
※2 trekking：トレッキング　※3 city holiday：街で過ごす休暇

Allen: やぁ、ナイリー。

Nyree: こんにちは。

A: ゴールデンウィークはもうすぐだよ。

N: うん。

A: ぜったいどこかに行こうよ。

N: うん。どこに行きたい？

A: 暖かいところがいいな。

N: 例えば？

A: タイはどうかと思ってたんだけど。

N: タイねぇ、うーん、タイは暖かいし、トレッキングや小島めぐりもできるけど、でも私もう3回も行ったことがあるのよ。

A: そうなんだ？

N: うん。だから別の場所はどうかと思ったんだけど。

A: 例えば？

N: そうね、ハワイはどう？

A: ハワイ？　いいけど、でもゴールデンウィークのあたりはとっても高いよ。

N: それもそうね。街に遊びに行くのはどう？

A: 街？　例えばどこ？

N: うん、ベトナムはどうかしら？　ヘレンを訪ねて行くの。

A: それもそうだね！

POINT ▶ **つながる会話Point**

- -

相手が喜ぶひと言

That's true!

相手から話を引き出すには、相手を乗せることが大切。相手を乗せるには、相手が気持ちよくなる肯定のフレーズが必要。そんな表現がこちら。「それもそうだね」という意味のウラには、「私は気づかなかった。それに気づいたあなたなすごい」というニュアンスが含まれており、相手にとってはちょっぴり嬉しいフレーズなのです。多少、大げさに言うのがポイントです。

24

ほかの情報をもっと
引き出したいな

🔊 24a - intro

そ・ん・な・と・き・に ♪

What else?

ほかには？

会話例 🔊 24b - example

👧 : So, my teacher is very nice, gentle, and kind.
She's married and has two daughters.

👦 : **What else?**

👧 : Well, I think she lived in Singapore before she
came here.

- -

F ： それで、私の先生はとても優しくて素晴らしい人なの。既婚で娘さんが2人いるん
ですって。

M ： それでそれで？

F ： たしか、ここに来る前はシンガポールに住んでたらしいわ。

　短くて、会話のテンポを保つのに最適なフレーズ。話題に対して、相手がもっと話したそうにしているときに使います。それまでの内容をきちんと理解しているという意思表示になるうえ、「もっと教えて！」という気持ちを伝えられるので、相手もついつい口が滑らかになりますよ。

　文末を上げるのがポイント。注意点としては、カジュアルな表現なので、フォーマルな場面や目上の人に対しては、What else do you know about ...?（…について、ほかにご存知のことはありますか？）のように、文で尋ねるといいですね。

> 　英会話講師だったころ、生徒さんからできるだけ英語を引き出すため、よく使ったフレーズです。ただし、言われたほうは多少のプレッシャーを感じていることを忘れずに！　使いすぎには要注意です。

ほかの言い方　　◀)) 24c - etc

❶ Anything else?

（ほかに何かある？）　　※What else?と同じ意味、状況で使える。

❷ Who else?

（ほかに誰？）

※WhatをWhoに代えることで、「誰」という意味に。ほかにWhere else?（ほかにどこ？）とは言えますが、When else?とは言わない。

❸ What else do you know about her?

（彼女について、ほかに何かご存知のことはありますか？）　　※丁寧な尋ね方。

Phrase

24

Real Conversation　◀)) 24d - real　⋯ Mike　Ⓛ⋯Laura

それでは、リアルな会話のなかで、使い方をチェック！　マイクとローラがハロウィーンの準備をしているみたいですね。

スクリプトは次ページ ➜

M OK, so, about the party.

L OK, we need to <u>get</u> some shopping <u>done</u>※1.

M Mm . . . so Halloween. So, what do we need?

L Well, I think every Halloween party needs some <u>apple bobbing</u>※2.

M Ah, yeah, I forgot about that. OK, so we need some apples . . .

L Some red ones and some green ones.

M Uh-huh. OK, that'll work. **What else?**

L Uh . . . well, I think we are gonna need some pumpkins **definitely** ◀ POINT . So we can do some <u>carving</u>※3. And what about some avocados? We can make some <u>guacamole</u>※4.

M Ah . . . OK, <u>that sounds good</u>※5, and **anything else?**

L Hmm . . . <u>Nachos</u>※6? So let's make nachos. We need <u>tortilla chips</u>※7 and some <u>salsa</u>※8 and maybe <u>a bit of</u>※9 cheese?

M What about alcohol?

L Um . . . , beer is always good. I'm not sure how many people coming tonight are gonna be drinking wine, so maybe let's just <u>stick to</u>※10 beer and spirits.

M OK, that sounds about right. OK, so let's do it.

Words & Phrases

※1 get+名詞+動詞の過去分詞形：〔使役〕［名詞］を［動詞の過去分詞形］させる　※2 apple bobbing：リンゴくわえゲーム　※3 carving：彫刻　※4 guacamole：グァカモレ（アボカドをつぶして作る料理）　※5 that sounds good：それはよさそうだね　※6 nacho(s)：ナッチョ（トーティーヤにチーズなどトッピングを乗せて食べる料理）　※7 tortilla chips：トーティーヤチップス（香辛料の入ったチップス）　※8 salsa：サルサ　※9 a bit of ...：ちょっとした…　※10 stick to：…に専念する

Mike: パーティーだね。

Laura: うん、まず買い物を終わらせなきゃ。

M: えっと、ハロウィンということは、何がいるかな?

L: そうね、どんなハロウィンパーティーでもアップル・ボビングはするでしょ。

M: なるほど、忘れてたよ。リンゴがいるね。

L: 赤いのと緑の両方ね。

M: よし、それはそれでよし。ほかには?

L: えっと… パンプキンは絶対必要でしょ。彫刻ができるじゃない。それと、アボカドは? グァカモレを作りましょう。

M: うん、それはいいね。ほかに何かある?

L: ナッチョは? ナッチョを作りましょうよ、トーティーヤチップスとサルサ、少しチーズもいるかしら?

M: アルコールはどうする?

L: そうね…、ビールは必要ね。今晩来る人の何人くらいがワインを飲むかわからないから、ビールとスピリットだけにしておきましょう。

M: わかった。これで決まりだ。じゃあ買い出しに行こう。

POINT ▶ つながる会話Point

これだけはゆずれない!

definitely

definitelyはナチュラルな会話で、非常に利用頻度の高い単語です。「絶対」という強い気持ちを表します。ここではローラが、動詞needの意味を強める用途で使っています。副詞の便利なところは、文のどこに置いても通じてしまうところですね、今回は文の最後に置いてあります。最初のdeを強調して、息を一気にだす感じで発話すると通じやすいですね。また、Definitely!の1語で、「もちろん!」という強い同意を表す応答表現としても使えます。肯定感をさらに強調したい場合は、Most definitely!でもいいでしょう。

25

〈NG Words 1〉
実は強い意味を持つ
ネガティブフレーズ

　この本は、ああしよう、こうしよう、というポジティブな学習を基本方針としています。なぜかと言うと、あれダメ、これダメの減点方式では、学習者は萎縮するばかりだからです。それでは、会話はうまくなりませんし、将来的な上達も望めないでしょう。

　英語は間違いながら覚えるものですから。ぼくは今でもそうですが、あなたにも、間違ってナンボの精神で、英会話を楽しんでほしいのです。

　とは言え、本当に少しだけですが、これはNGということもあります。そんな単語・フレーズをご紹介するので、しっかり心に留めておいてください。

　NGにもいろいろありますが、特に、日本の英語学習者の意図と英語母語話者の受け取り方にギャップがあるものを取り上げます。意図せず、相手の機嫌を損ねてしまい、会話を頓挫させてしまうのはもったいないですからね。

●相手の気に障るネガティブ表現

NG 1 **You are wrong** [bad / stupid].　　　🔊 25a
　　　（あなたは、間違っている／悪い／バカだ。）

この3つの単語は、一般的に日本人が思っているよりも、英語ネイティブが受け取るイメージはかなり強いです。とくに例文のようにYouを主語にして用いるのは、よっぽどのことがない限りやめましょう。相手を全否定するような、強烈な意味合いになるので、喧嘩になりかねません（！）。
※相手への反論、間違いの指摘は、〔Phrase 40 / 41 / 43〕を参考に。

NG 2 **I hate** [dislike] . . .
   (…が嫌いです。) 🔊25b

「好き嫌い」というテーマは会話によくでてきます。話が盛り上がりやすいので、トピックとしてオススメなのですが、hate と dislike の使い方には要注意。通常の好き嫌いを表現するのであれば、I don't like ... を用いたほうが無難です。hate と dislike は、より深い嫌悪感も表現するので、意味がかなり強いんですね。心底、嫌いなものに対してだけ使うようにしましょう。

※柔らかい否定表現は、〔Phrase 40〕を参考に

NG 3 **I don't care.**
   (どうでもいいよ！) 🔊25c

日本人は「気にしないよ、私はどちらでもいいですよ」と表現したいとき、このフレーズを使いがちです。そんな場面に居合わすたび、ぼくはドキッとします。I don't care. は本来、「どうでもいい！ 勝手にしてくれよ！」という投げやりなニュアンスを含みます。言われた相手は当然、よい印象を受けません。反抗期のティーネイジャーにピッタリくる表現なんですね（笑）。

※「気にしないよ」という意図に最適なのは I don't mind.。「どちらでもいい」については、〔Phrase 46〕を参考に。

これらの表現を日常的に使っていて少しドキッとされましたか？

〔Technique 28〕では、ひき続き、別の角度から NG Words を紹介します。

26

相手の希望を
うまく引き出したい…

🔊 26a - intro

そんなときに♪

Would you like Chinese or . . . ?

中華料理？　それとも…

会話例　🔊 26b - example

Ⓜ : Let's go for dinner. Would you like Chinese or . . . ?

Ⓕ : I want to eat pasta today.

Ⓜ : Sorry, I had pasta last night.

M ：夕食、食べに行こうよ。中華料理？　それとも…

F ：パスタを食べたいな。

M ：ごめん、パスタは昨晩食べたんだ。

　会話をうまく転がすコツは、できるだけ相手の思いや考えを引き出すことです。あえて、不完全なセンテンスを発して、そのあとを相手にゆだねるのも立派なテクニック。その代表が、or...?で終わらせるこの表現。

　選択肢をこちらですべて挙げずに、「それとも…」とすることで、相手がみずからの希望や考えを言いやすい状況を作るのです。

　1～2個チョイスを言ったあと、or...でポーズして相手の反応を待ちます。or...の部分、あとを引くように言うのがポイントです。

Ryohei's Point

　ぼくは週末の予定を決めるときに、このフレーズをよく使います。Do you wanna go to the zoo or . . . ?（動物園に行く？それとも…）のように、最初に自分の希望・提案を伝えて、orで止めることで、あなたはどうしたい？　と相手の発言を促しているわけです。

ほかの言い方　◀)) 26c - etc

❶ Do you want tea or . . . ?

（紅茶にする、それとも…？）　※Would you like tea or . . . ?よりもくだけた聞き方。

❷ What kind of music do you like?

（どんな音楽が好きですか？）

※What kind of . . . ?と大きなテーマだけを示して、そこから自由に意見を言ってもらうタイプの疑問文。

Real Conversation　◀)) 26d - real　Ⓜ … Mike　Ⓛ … Laura

それでは、リアルな会話のなかで、使い方をチェック！　マイクを家に招待したローラの気遣いに注目してみて。

スクリプトは次ページ ➡

(M) Hey, I'm here.

(L) Hey, Mikey. Come on in.

(M) All right.

(L) Take your shoes off and put them by the door.

(M) OK.

(L) Um . . . **Do you want a tea or . . . ?**

(M) Um . . . Do you have coffee?

(L) Yeah, I've got coffee. I'll, um, I'll just put a coffee maker on. **Do you have sugar or . . . milk or . . . ?**

(M) Um . . . actually*¹ both. I like a lot of cream and lot of sugar.

(L) OK, OK. What about cake? **I've got cake or biscuits or other stuff*².**

(M) Um . . . you know, either is OK*³. Um, whatever is easiest for you.*⁴

(L) OK, how about cake?

(M) OK, sounds good.*⁵

(L) OK, well, just go through and sit down on the sofa and make yourself comfortable.*⁶

(M) OK, um, over here?

(L) Yeah, there is fine.

Words & Phrases

※1 actually：実は　※2 stuff：（漠然と）物、事柄　※3 either is OK.：どちらでも大丈夫
（☞詳しくは〔Phrase 46〕参照）　※4 whatever is easiest for you：何でもあなたの都合
のいいように（☞詳しくは〔Phrase 46〕参照）　※5 sounds good.：よさそうだね。　※6
make yourself comfortable.：くつろいでください。

Mike: やあ、来たよ。

Laura: いらっしゃい、マイキー、入って。

M: 了解。

L: 靴を脱いで、ドアのところに置いてちょうだい。

M: 了解。

L: 紅茶にする、それとも…？

M: コーヒーはある？

L: うんあるわ。じゃあコーヒーメーカーをオンにするわ。何かいる？ 砂糖かミルクか…？

M: 両方もらうよ。クリームと砂糖、たくさん入れるのが好きなんだ。

L: わかったわ。ケーキはどうする？ ケーキにビスケット、そのほかにもあるけど。

M: どっちでもいいよ。何でも簡単なので大丈夫。

L: じゃあ、ケーキね？

M: いいね。

L: こっちに来て、ソファに腰かけてちょうだい。くつろいでね。

M: うん、ここでいい？

L: そこで大丈夫よ。

POINT ▶ つながる会話Point

- -

答えやすい疑問文 v.s. 答えにくい疑問文

例えば、誰かの家に招かれて、Do you want coffee? と聞かれました。しかし、あなたはコーヒーを飲めない。でも喉はカラカラ。そんなとき、何と答えますか？ 家主が友人であれば、Actually, do you have water or something?（えっと、お水か何かはあります？）と気軽に返せるでしょう。しかし、相手が、あまり親しくない、しかも改まった雰囲気だったら？

No thank you. で、喉の渇きを我慢する人も多いのでは？ そういう意味で、1つしかチョイスのないyes/no疑問文は、フレンドリーではありません。ここで解説したようにorを最後に付けることで、聞かれた側としては、選択の幅がグンと広がって、希望を言いやすくなります。この "or"、簡単ですが、あるのとないのとでは円滑なコミュニケーションに大きな差が生まれます！

27

こちらの提案を伝えたいけど
無理強いはしたくない

🔊 27a - intro

そんなときに❣

What do you say to eating out?

外食しない？

会話例 🔊 27b - example

Ⓕ : What should we cook for lunch?

Ⓜ : What do you say to eating out in Ebisu?

Ⓕ : OK, that sounds like a plan.

F ： お昼ごはん何にしようか。

M ： 恵比寿で外食しない？

F ： そうね、いい考えね。

What do you say to + 提案内容 ?

　直訳「…に対してあなたは何と言う？」から転じて、「…はどうかな？」とこちらの提案に対する相手の意見を引き出す表現です。疑問文になっていることからわかるとおり、Let's ... よりも双方向的なので、相手も自分の意見を言いやすくなります。

　提案内容 には、名詞（句）か動名詞（動詞のing形）を入れ、この部分を強く発音するのがポイント。基本的にどんな場面でも使えますが、より丁寧にしたければ、do を would にするといいですね。

> 使うシチュエーションとして、ワクワクする提案であることが多い印象です。楽しい提案があるときに積極的に使ってみましょう！

Phrase

27

ほかの言い方　◀)) 27c - etc

❶ How about visiting Chester for the weekend?
（週末チェスターに行かない？）

　　※How about 提案内容 ?の形。相手に提案の余地を与えるという点で、What do you say to ... ?と
　　同様に使える。

❷ Why don't we have some coffee before the gig starts?
（ライブが始まるまでコーヒーでも飲もうよ）　※疑問文だが、Let's 提案内容 .に近い。

Real Conversation　◀)) 27d - real　 … Mike　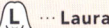 … Laura

それでは、リアルな会話のなかで、使い方をチェック！　ローラとマイクは今晩、どこかに出かけるみたいですよ。

スクリプトは次ページ ➡

(L) So, where do you want to go for dinner for later?

(M) Um . . . hmm . . . I'm thinking of something . . . **how about spicy food?**

(L) Well . . . I think we've had <u>rather</u>[※1] a lot of spicy food this week. <u>I mean</u>[※2], we've had Mexican and Thai and Indian. **What do you say to just going to an _izakaya_ or something?**

(M) Um . . . you know, I really don't wanna do that tonight. It's always too <u>crowded</u>[※3] and too <u>smoky</u>[※4]. Don't you think so?

(L) Uh . . . well, yeah, I know it's a Friday night, so I don't know. Can you think of anywhere we haven't been?

(M) Um . . . hmm . . . well, there's a few new restaurants down the shopping street that I haven't checked out. We could go to check those out.

(L) OK. What about time? **What do you say seven thirty?**

(M) Um . . . <u>**seven thirty is all right, but I finish work late. So how about eight?**</u> ◀**POINT**

(L) Eight is good. OK. See you then.

(M) All right.

....

Words & Phrases

※1 rather：かなり、ずいぶん
※2 I mean：つまり
※3 crowded：混み合っている
※4 smoky：煙たい

Laura: 今晩の夕食はどこに食べに行きたい？

Mike: そうだね、例えば、スパイス系はどうかな？

L: う〜ん、今週はちょっとスパイス系が多いような気がするけど、だってメキシコ料理、タイ料理、それにインド料理に行ったでしょ。居酒屋なんかはどうかしら？

M: うーん、ちょっと、今晩はそれは避けたいな。いつも混みあってるし、タバコの煙がすごいから。そう思わない？

L: えっと、まあそうだよね、金曜の夜だからね、じゃあどうしよう。今まで行ったことないところ、思いつく？

M: ええっと、商店街の通りに新しいお店が何軒かあって、そこには行ったことがないな。そこに行ってもいいけどね。

L: わかった。時間はどうする？　7時半はどう？

M: そうだな、7時半でもいいけど、今晩は仕事が遅くなるから8時はどう？

L: 8時でいいわよ。じゃあそのとき。

M: 了解。

Phrase

27

POINT ▶ つながる会話Point

肯定してから提案する

seven thirty is all right, but . . .

相手の提案に対して、逆提案したいときに、とても重要なテクニック。いったん相手の意見を肯定しておいて、それから自分の考えを伝えると、相手もより聞く耳を持ってくれます。

❶ ［相手の提案］＋ is all right,　　※いったん相手の意見を受け入れる

❷ but ＋［自分の提案の理由］.　　※異なる意見を述べる理由

❸ How about ＋［自分の提案］？　　※異なる意見を提示

28

〈NG Words 2〉
よく知ってる単語・フレーズの本当の意味

〔Technique 25〕に引き続き、NG Words を紹介していきます。今回は、日本人がよく知っている、けれども、そのホントのところの意味は知られていない——そんな単語・フレーズです。

●よく知ってる単語・フレーズの本当の意味

NG 1 **Shut up!**　　　　　　　　　　　　　　　　　　　◀)) 28a

（だまれ！）

《シャラップ》は、日本では子どもでも知っているフレーズではないでしょうか。TVの影響でしょう。しかし、その日本での気軽さと、英語圏での意味合いの強さには大きな隔たりがあります。本来は、有無を言わさず「とにかくだまれ！」という強烈なフレーズなのです。日常会話では、親友同士がふざけながら使ってギリギリOK。さもなくばシリアスな場面でのみ使われます。気軽に使うと、相手をドキッとさせてしまうでしょう。

※静かにしてほしいときは、Could you be a bit quieter, please?（すこしお静かにしていただけますか？）を用いましょう。

NG 2 **Oh my god!**　　　　　　　　　　　　　　　　　◀)) 28b

（オー・マイ・ゴッド）

これも子どもでも知っている表現。でもこれは、適切な場面で用いないと、大きな違和感を相手に残してしまうフレーズです。そして、その「適切な場面」に明確なルールはなく、いわゆる英語ネイティブの肌感覚でしか判断できません。ですから、非ネイティブが無理に使って、滑稽な雰囲気になることが往々にしてあるんですね。それに、そもそも god（神）、つまり宗教に関係した表現です。始め

から使わないほうが無難だと言えます。かくいうぼくも、このフレーズの使い方はいまだにピンとこなくて、使っていません。

※驚きを表すフレーズなら、〔Phrase 19〕のAre you kidding?などを使いましょう。

NG 3　Please ...　🔊28c
　（…してください。）

Please ...の意味をちゃんと理解して使っている人は、実は少ないと感じています。まず大前提として、**Please ...は命令文である**ことを知る必要があります。相手に「…してください」とお願いするとき、Please do something.とすると、Do something.よりも丁寧にはなります。しかし、あくまで命令文なので、**基本的に相手に断る余地のないお願いの仕方**なんです。多くの人がイメージするよりも、強制力のある言葉なんですね。**相手を気遣ったお願いをしたいのであれば、Can you ... ？／Could you ... ？**というように、疑問文で頼むようにしましょう。

※Can you ... ？よりもCould you ...?のほうがより丁寧。

Technique 28

NG 4　must ...　🔊28d
　（絶対…しなければならない。）

中学生のとき、「…しなければならない」は助動詞must（＝have to）と習いましたよね？　実はソレ、間違いなんです（笑）。「…しなければならない」に合致する英語は、shouldかhave toです。**mustを日本語にするなら、「絶対、何がなんでも…しないとダメ」**というとても強い意味になります。youを主語にして、You must do ... とした場合、相手への強制力は相当なもので、ほかに選択肢や逃げ場がないイメージです。ですので、それくらい緊張感がある場面でのみ、mustは使いましょう。そういう意味で、日常会話ではほとんど使わない助動詞なのです。

※「…しなければならない」の意味ではhave to ／ shouldを用いる。強制力の強さは、must ＞ have to ＞ shouldの順。

　どうでしたか？　目からウロコの部分もあったのではないでしょうか。ぜひこのNG知識を活かして、より生産的で洗礼された会話を楽しんでください！

29

こちらの提案への反応を
引き出したい

🔊 29a - intro

そんなときに♪

let's say . . .

これはどうかな…

会話例 🔊 29b - example

F : What do you want to do for dinner tonight?

M : Let's say . . . , *yakitori*?

F : OK, that sounds good.

- -

F : 今晩の晩御飯どうする？

M : そうだな〜、焼き鳥は？

F : そうね、それはいいね。

Let's say, + 提案内容 **?**

　会話途中で何か提案をしたいとき、前置きとして let's say を使うと、「これから提案するよ」という合図になり、相手の意識をこちらに集中させることができます。聞き手が複数いる場合に、より効果的です。

　提案のあとは、相手が賛否や自分のアイデアを述べてくれるので、会話がつながっていきます。

　この表現のもうひとついいところは、考えをまとめる時間稼ぎにもなる点です。〔会話例〕のように「どうする?」と聞かれて、答えを考える間、沈黙するのではなく、この表現を挟めばリズムをキープできていいんです。

　日本語の「そうだな〜」と同じ感じで、ゆっくり発音するといいですね。

Ryohei's Point

> 〔Phrase 8〕の Listen. と似ている表現ですね。同じ場面で使うこともできますが、違いとしては、Listen. は「自分から提案・意見を会話に割り込ませるイメージ」。let's say … は「相手からの促しに応じて、考えながら提案するイメージ」です。

Phrase
29

ほかの言い方　◀》 29c - etc

❶ Say . . . , 6 o'clock?
　（そうだな〜、6時はどう?）　※let's say … と同じ要領で使える。

Real Conversation　◀》 29d - real　{M} … Mike　{L} … Laura

それでは、リアルな会話のなかで、使い方をチェック!　ローラとマイクは、ミーティングの時間を相談しています。

スクリプトは次ページ ➡

Ⓛ Good morning. Laura speaking.[※1]

Ⓜ Uh, yeah, hi Laura. This is Mike.

Ⓛ Hi, Mike.

Ⓜ I was just calling to check in with[※2] you about the meeting.

Ⓛ Um . . . is that the meeting on Thursday?

Ⓜ Yeah.

Ⓛ Uh, yeah, um, actually, I was going to call you about that, uh . . . later today. Unfortunately[※3], I've got something else, uh, planned for that time. So . . . would it be possible to reschedule for another day?

Ⓜ OK. Um . . . let's see, are you thinking this week or next week?

Ⓛ Next week would be better for me. Um . . . Do you think you could do Monday?

Ⓜ Mm . . . **Monday could work**, ◀POINT but . . . **let's say afternoon sometime.**

Ⓛ Oh, now, Monday afternoon. Let me have a quick look[※4] . . . um . . . yeah, Monday actually[※5] is probably not gonna be perfect. Um . . . **Let's say Tuesday afternoon.**

Ⓜ OK. I can do that. About what time?

Ⓛ Um . . . **Say 4 o'clock?**

Ⓜ OK. **That works for me.** ◀POINT

Ⓛ Great. OK, I'll see you then.

Ⓜ All right. See you then.

Words & Phrases

※1 Laura speaking. ：（※電話をとった際に名乗る定型フレーズ）ローラです。　※2 check in with ... ：…に連絡する　※3 unfortunately：残念ながら、あいにく　※4 have a quick look：ちょっと調べる　※5 actually：実は

Laura: もしもし、ローラです。

Mike: やぁ、ローラ。マイクだよ。

L: こんちには、マイク。

M: ミーティングについて連絡しようと思って電話したんだ。

L: えっと… 木曜日のミーティングのこと？

M: そう。

L: あぁ、実は、今日このあと、電話しようと思ってたんだけど… 残念ながら、その時間にほかの予定が入っていて。だから… ほかの日に変更できないかと思ってて…

M: そうなんだ、いいよ。で…、今週、それとも来週を考えてる？

L: 来週のほうが助かるわ。月曜日はどう？

M: えっと、月曜日は大丈夫そうだけど、午後でもいいかな？

L: ちょっと待って、月曜日の午後ね… 調べてみる。あれ、やっぱり月曜日はあまり都合がよくないわ。えっと… 火曜日の午後はどうかしら？

M: いいよ、ぼくは大丈夫。何時くらい？

L: そうね… 4時はどう？

M: うん。ぼくも都合はいいよ。

L: よかった。じゃぁ、そのときに。

M: 了解。そのときに。

Phrase

29

POINT ▶ つながる会話 **Point**

- -

「働く」だけじゃない work の使い方

Monday could work / That works for me.

単純な単語ほど、用途が多くて実は難しい。でも、使いこなせればとても便利——work もそんな単語のひとつ。ここでの work は「うまくいく、うまく機能する」という可能性を表しています。主語になるのは、モノ、場所、人、なんでも OK。

例 Hiroki could work. （ヒロキで多分大丈夫。）
Lunch buffet could work. （ランチ・ビュッフェで OK だろうね。）

30

「きっと〜だったでしょうね！」
と相手に同情したいな

🔊 30a - intro

そんなときに♪

You must have been really surprised!

さぞ驚いたでしょうね！

会話例　🔊 30b - example

Ⓜ : Yesterday, I saw some unknown object flying above me.

Ⓕ : What? You must have been really surprised!

Ⓜ : Yeah, I was absolutely stunned.

M : 昨日、よくわからない物体が頭上を大きな音を立てて飛んでいくのを見たんだ。

F : 何？　さぞかし驚いたでしょうね！

M : うん、まったくもってたまげたよ。

You must have been + 形容詞 **.**

相手の過去の気持ちを推測し、共感する表現です。

　ポジティブ・ネガティブに関係なく、このフレーズで相手への共感を積極的に示していきましょう。それにより、相手は「自分の気持ちをわかってくれているな」と嬉しくなり、「そうなんだよ、それにね…」と、会話が発展していきます。相手の気持ちに共感すれば、信頼関係が生まれ、会話がスムーズに運ぶんですね。

　感情を扱う表現なので、もちろん気持ちを込めるのがポイントです。特に、mustと形容詞の部分を強く発音しましょう。

Ryohei's Point

> 感情を表す形容詞をいくつかストックしておきましょう。個人的によく使うのは、以下の表現。上の［形容詞］部分にそのままいれて使えます。

Phrase
30

ポジティブ 😄 **really proud of yourself**（誇らしい）、**over the moon**（天にも昇る気持ち）、**really excited**（超興奮する）など

ネガティブ 😣 **gutted**（超がっかり）、**irritated**（イライラする）、**bored**（退屈）など

ほかの言い方 ◀)) 30c - etc

❶ That must have been really exciting.

（それはさぞかし面白かったでしょうね。）

※主語が事象（That）にシフトしているが、基本的には同じ要領で使える。

Real **C**onversation ◀)) 30d - real Ⓜ ··· Mike Ⓛ ···Laura

それでは、リアルな会話のなかで、使い方をチェック！　ローラはとても怖い思いをしたみたいですね。マイクの反応は…

スクリプトは次ページ ➦

M How was your trip?

L Oh, it was great. We went up to the mountains, and then, on the way back※1, we stopped in※2 Fujikyu Highland.

M Oh, you know, I've never been there yet.

L It's really good. I really recommend※3 it. Good day out※4.

M Hmm, and so, what did you go on? What rides※5?

L Well, we went on all of the roller coasters※6, but I actually※7 think the best ride I went on was the haunted house※8.

M Really? See now, that's interesting cos※9 I generally don't like haunted houses.

L Well, I mean I've never actually been to haunted house. This is more like a haunted hospital though. And you actually walk round the hospital. So it's not like a ride. You actually have kind of a control a little bit. But when you are walking around, people start jumping out at※10 you. It's actually really scary.

M Really? **You must have been terrified※11 then.**

L I was pretty scared at some points. **Especially,** POINT the last bit when I had to run out of the house.

M You, you ran out?

L Yeah, I was really running.

Words & Phrases

※1 on the way back：帰る途中で　※2 stop in ...：…に立ち寄る　※3 recommend：…をすすめる　※4 day out：小旅行　※5 ride：遊園地の乗り物　※6 roller coaster：ジェットコースター　※7 actually：実のところ、ほんとうに　※8 haunted house：お化け屋敷
※9 cos：〔口語表現〕becauseの省略形　※10 jump out at ...：…めがけて飛び出す
※11 terrified：ぞっとする

Mike: 旅行はどうだった？

Laura: とてもよかった。山登りして、それから、その帰りに富士急ハイランドに寄ったんだ。

M: そうなんだぁ、ぼくはまだ行ったことないんだよね。

L: すごくいいわよ。ほんとオススメ。とても楽しい1日だった。

M: そうかぁ、で、何に乗ったの？　どんな乗り物？

L: えぇっと、ジェットコースターには全部乗ったけど、そのうち最高だったのは、お化け屋敷ね。

M: ホントに？　ほら、ぼくはお化け屋敷嫌いだからさ、それって興味深いな。

L: そうね、私もお化け屋敷に入ったことなかったの。今回のは、むしろお化け病院だったけどね。実際に病院の中を歩き回るのよ。だから、乗り物じゃないわね。自分の思うように動ける部分がちょっとあるのよ。でも、歩いていると、人が飛びかかってくるの。ほんとに、ほんとに怖いのよ。

M: えぇっ、ホントに？　さぞかし怖かっただろうね。

L: とっても怖いポイントがいくつかあって、建物から駆け出た最後のとこなんか特に怖かったわ。

M: 駆け出たの？

L: そう、本当に走ってた。

POINT ▶ **つながる会話 Point**

- -

especially を効果的に使う

まず、例を複数挙げてから especially を使って、「その中でも特に〜」とすると、話の流れが滑らかです。続けて、なぜそれが特別なのか、理由まで加えられればさらにいいですね。

例　I would like to visit countries in South America. **Especially** Peru because . . .

（南アメリカに行きたい。特にペルーに、だって…）

31 疑問形にしない疑問文

〔Technique 6〕において、「間違いを恐れず、とにかく発信」することこそが、英語コミュニケーション力の向上につながると、強く主張しました。

あとで思い起こして思わず赤面するような場面が多ければ多いほど、英会話力は伸びると、自分の経験上、考えています。ただ精神論的なアドバイスだけでは実践は難しいでしょうから、発信のハードルを下げる、具体的なテクニックを、〔Technique 6〕にひきつづきご紹介します。会話をつなげるのに大切な、疑問文に関するテクニックです。

●肯定文を上昇調で読んでみよう。

疑問文は、be動詞やDo［Does / Did］を主語の前に持ってきて…　というように語順を変化させなければいけません。なので、とっさに口をついてでてこない、という方も多いと思います。そんな場合は、難しいことを考えずに、肯定文の文末を上昇調で読んでみてください。

🔊 31a

Do you like this hamburger?
You like this? ※ハンバーガーを指差しながら

上の2文は、同じ意味「このハンバーガーはお好きですか?」を表します。会話というのは、相手が目の前にいるコミュニケーションですから、文法ルール以外の要素——イントネーションやジェスチャー——も活用できるのです。文のおしりを上げながら発音すれば疑問の意図を表現できるし、指差しを交えればthisだけでthis hamburgerを意味することができます。

◀))) 31b

例1 A: **Sarah will come to the office soon.**
（サラがもうすぐオフィスに来るよ。）

B: **She drinks coffee?** （彼女ってコーヒー飲む？）

A: **I think so. Please give her a cup of coffee when she arrives.** （そう思う。到着したらコーヒーをだしてあげて。）

例2 A: **They said that Amat Zoo was fantastic.**
（アマット動物園はとってもいいらしいよ。）

B: **We'll go to the zoo today then?**
（じゃあ今日はその動物園に行こうか？）

A: **Yes!** （やった！）

　このような不完全な英文は、不自然だと思われるかもしれませんが、けっしてそんなことはありません。英語ネイティブも自然に使っている、とてもナチュラルな英語です。この本の〔Real Conversations〕でも、たびたびでてきますしね。

●疑問詞を使った場合は？

　疑問詞を使った疑問文の場合は、さらに簡単で、疑問詞ひと言（あるいは1語プラスする）だけで、十分に機能します。日本語の会話でも、「いつ？」「どこ？」「誰？」ですませることよくありますよね。それと同じです。

◀))) 31c

A: **I'll be late tonight.** （今晩、遅れるよ。）
B: **Why?** （何で？）

A: **I'm leaving for London.** （今度ロンドンに行くんだ。）
B: **When?** （いつ？）

A: **Look at that elephant over there.** （あそこにいる象見てみてよ。）
B: **Where?** （どこ？）

A: Please turn up the volume on the microphone.
（マイクのボリュームを上げてください。）

B: How? （どうやって？）

A: Can you pass me a nappy? （オムツとってくれる？）

B: Which one? （どっちの？）

A: I like watching dramas on TV. （テレビドラマを見るのが好きなの。）

B: What kind? （どんな？）

　いかがでしょうか？　疑問文を発するハードルがグッと低くなったはずです。難しく考えすぎずに、どんどん発信をしてみてください。

　「英語はかくあるべき」と、自分で勝手にハードルを上げないでくださいね（笑）。

　あなたが今使える英語で、十分会話を楽しむことができるはずなんですから。

Chapter 5

沈黙撃退！
困ったときの
お助けフレーズ

英語の知識はあるのに、なかなか会話が弾まない——そんな日本人を観察していて気づくのが「沈黙の多さ」です。会話はよくキャッチボールにたとえられますが、よい球を返そうと考えすぎているのでしょうね。でも、会話はテストじゃないんです。厳密さよりもリズムです。ボールを受け取ったら、ベストなボールでなくてもいいから、とりあえず投げ返しましょう。パン、パン、パンと小気味よく。
本章は、どうしても沈黙しがち、という人のための処方箋です。

32

言葉につまったとき、何とか間を持たせたい

Where are you going ?

You know ...

🔊 32a - intro

そんなときに♪

you know . . .

えっと…

会話例　🔊 32b - example

Ⓕ : What would you like to have?

Ⓜ : Ah . . . you know . . . that frozen coffee stuff . . .

Ⓕ : Frappuccino?

F　：何にする？

M　：えっと…　ほら…　あのコーヒーを凍らせたやつ…

F　：フラペチーノのこと？

　若者の会話に必ずといっていいほど混じる表現。「あなたは知っている」という字句通りの意味は薄れ、あくまで間をつなぐ用途で使われます。

　英語のみならず日本語でも、話の途中で、次の言葉がすぐにでてこないことって、よくありますよね？　そうしたときに黙ってばかりだと、相手は、話が続くのか、それとも終わったのかがわからず、不安になるものです。

　沈黙の代わりにyou knowを差し挟むことで、まだ話の途中であるというメッセージを送ることができます。と、同時に、次に言うことを考える時間稼ぎにもなりますから、一石二鳥のフレーズなんですね。

Ryohei's Point

ナチュラルに聞こえる反面、連発しすぎると、知的でない印象を与えるので、使いすぎに注意が必要。また、あくまで会話表現なので、通訳の現場ではぼくは使いません。同様に、フォーマルなスピーチでも、カジュアルな雰囲気を意図している場合を除いて、使用は避けたほうが無難でしょうね。

ほかの言い方　　◀)) 32c - etc

❶ **um . . . / well . . . / uh . . .**
　　（えっと…）　※you know同様、意味はなく、沈黙を埋めるために用いる。

❷ **let me see . . .**
　　（その…）　※どちらかというと質問に答えるときの時間稼ぎとして用いる。

Real Conversation　◀)) 32d - real　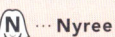 … Nyree　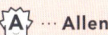 … Allen

それでは、リアルな会話のなかで、使い方をチェック！　ナイリーとアレンは取引先の人物をよく思い出せない様子です。

スクリプトは次ページ ➡

Ⓝ So, Allen, how was the meeting today?

Ⓐ It went really well. The vice president※1 was there and Sarah from accounting※2 and . . . Oh, **what's his name?** ◀POINT Um . . . **you know**, the really tall guy from, from, from Britain.

Ⓝ **Um . . .** I'm not sure. Does he have dark hair?

Ⓐ No no no, the other guy. He had light brown.

Ⓝ Uh, **let me see . . .** Oh, you mean Robert?

Ⓐ Yeah, that's him, that's him. What was his company's name again?

Ⓝ **Um . . . well . . . let me see . . .** I know that it was based in Tokyo . . .

Ⓐ Uh-huh.

Ⓝ **Uh . . .** and it has the big "C" logo※3 . . .

Ⓐ C . . . Was it Ken something?

Ⓝ Ah! I think it's Ken Mart!

Ⓐ Oh yeah, that's him. He was there, too.

Ⓝ Great. And what was his position※4? I heard he got a promotion※5.

Ⓐ I think he was a sales rep.※6

Ⓝ Oh, wow. He's really moving up in the world.

Ⓐ Yeah, he is.

Words & Phrases

※1 vice president：副社長（組織によっては、部長程度の役職に使われることも）
※2 accounting：経理　※3 logo：ロゴマーク　※4 position：地位、職業　※5 get a promotion：昇進する　※6 sales rep.：（※sales representativeの略）営業部長

Nyree: で、アレン、きょうの会議はどうだったの？

Allen: とてもうまくいったよ。副社長がいて、経理部のサラがいて…、あれ、彼の名前なんだっけ？　えっと、あのとても背が高くて、イ、イギリスから来ている。

N: う〜ん、わかんない。髪は黒い？

A: いや違う、別のひと。明るい茶色だよ。

N: う〜ん、えっと…　そうだ、ロバートのことね。

A: そうそう、彼だよ、彼。会社の名前は何だったっけ？

N: あぁ…　ええっと…　東京を拠点にしてるとこだけど…

A: そうだね。

N: う〜ん…　大きなCのロゴだったような…

A: Cねぇ…　Kenなんとかだっけ？

N: そうだ！　Ken Martよ。

A: そう、彼だ。その彼もいたんだよ。

N: すごいね。彼の役職って何だっけ？　昇進したって聞いたけど。

A: 営業部長だったと思う。

N: えぇっ、ずいぶん出世したのね。

A: うん、そうだね。

POINT ▶ つながる会話Point

- -

自らに問いかけて時間稼ぎ

What's his name?

自分に問いかける疑問文。これも沈黙撃退のテクニックです。日本語でも使いますよね？　「あれ誰だったっけ？」「いつだったっけ？」と、ひとり言的に、自分自身に尋ねること。何か思い出せないときは、沈黙ではなくて、自分に質問することで間を保つのも手です。間接的に相手にも問いかけていることになり、助け船をだしてもらえることもありますよ。

33

相手の質問に答えたあとが続かない…

🔊 33a - intro

そ ん な と き に ♪

How about you?

あなたはどう?

会話例 🔊 33b - example

Ⓜ : Do you like *soba*?

Ⓕ : Yes, I love it. How about you?

Ⓜ : I prefer *udon*.

M : ソバは好き?

F : 大好きよ。あなたは?

M : うどんのほうが好きかな。

　質問をされたら、同じ質問を相手にも尋ね返せば、ラクして会話をつないでいけます。ぼくなんかもそうですが、人は往々にして、自分が聞いて欲しいことを相手に尋ねますよね。例えば「昨日のサッカー見た？」と聞いてくる人は、そのことについて話したくてウズウズしているわけです。ですから同じ質問を返せば、喜んで話してくれます。

　そこで出番なのが How about you?（あなたはどう？）です。この表現のいいところは、どんな質問に対してもコレだけでそっくり尋ね返せるところ。あれこれ考えなくていいんです。

　自分の回答を終えたら、すかさず How about you?──ぜひ使ってみてください。

Ryohei's Point

　自分の答えをしっかり言ってから使うのが基本です。ぼくはインタビュアーという職業柄、相手にたくさん話してもらおうという意識が強くて、普段から早く尋ね返す癖があるんです。

ほかの言い方　　◀)) 33c - etc

Phrase
33

❶ And you?

　　（あなたは？）　　※センテンスではない分、How about you?に比べ、丁寧さに欠ける。

❷ What about you?

　　（あなたはどうですか？）　　※How about you?より、ビジネスライクな印象。

Real Conversation　◀)) 33d - real　…Nyree　🅐…Allen

それでは、リアルな会話のなかで、使い方をチェック！　ナイリーとアレンが、お互いの休暇について質問しあってますね。

スクリプトは次ページ ➡

Ⓝ Hi, Allen. How was your holidays?

Ⓐ It was really good. **How about you?**

Ⓝ Yeah yeah. Really good. We went down to Osaka.

Ⓐ Oh, really? I went to Fukuoka.

Ⓝ Great. I went with my parents. **How about you?**

Ⓐ I went with my friend. Um, so what was your favorite food in Osaka?

Ⓝ Well, of course it was *okonomiyaki*.

Ⓐ Oh.

Ⓝ Do you like *okonomiyaki*?

Ⓐ Yeah, I do. Um, what's your favorite kind?

Ⓝ Mm . . . Well, I like anything without meat, so usually seafood kind is good. **How about you?**

Ⓐ Uh, **I like mine with a lot of pork**※1 **actually**※2. ◀ **POINT**

Ⓝ Oh, really?

Ⓐ Yeah.

Ⓝ Well, did you eat any . . . any good food in Fukuoka?

Ⓐ I did. Um, do you know *tonkotsu ramen*?

Ⓝ *Tonkotsu ramen*?

Ⓐ Yeah. It's made from pork.

Ⓝ Right, yeah. No, I've never eaten *tonkotsu ramen*.

- -

Words & **P**hrases

※1 pork：豚肉
※2 actually：実は

Nyree: こんにちは、アレン。休日はどうだった？

Allen: とてもよかったよ。君は？

N: ええ、素晴らしかったわ。大阪に行ったの。

A: えっ、ほんとに？　ぼくは福岡に行ったんだ。

N: いいわね。私は両親と行ったんだけど、あなたは？

A: ぼくは友達と。で、大阪で好きだった食べ物って何？

N: もちろん、お好み焼きよ。

A: あぁ。

N: お好み焼き好き？

A: うん、好きだよ。どんな種類のものが好きなの？

N: ええとねぇ、お肉抜きなら何でも。だから、ふつうは海鮮ものがいいわね。あなたは？

A: ぼくはやっぱり、豚肉たっぷりのやつが好きだね。

N: ほんとに？

A: そうだよ。

N: で、福岡では美味しいもの食べたの？

A: 食べたよ。豚骨ラーメンって知ってる？

N: 豚骨ラーメン？

A: そう、豚からできているんだ。

N: そうそう、そうよね。まだ豚骨ラーメンは食べたことないわ。

POINT ▶ つながる会話 Point

好みの食べ方を述べる

I like mine with a lot of pork.

好きな食べ物について話すことは、日常会話の鉄板ネタです。I like my A with B. で、いろんなものの好みの食べ方を表現できます。あなたの好みを表現してみましょう！

例 I like my coffee with no sugar. 　（コーヒーは砂糖なしが好きです。）

I like my tea with a lot of milk. 　（紅茶はたくさんミルクを入れるのが好きです。）

I like my ice cream with a lot of chocochips.

（アイスクリームはたくさんチョコチップをかけるのが好きです。）

34

気まずい話題から
自然に軌道修正するには？

How's your girlfriend?

フ ラ れ た…

🔊 34a - intro

そんなときに♪

SO . . .

ところで…

会話例　🔊 34b - example

Ⓕ : How's your girlfriend doing?

Ⓜ : She dumped me last month. I don't even want to think about her.

Ⓕ : Oh, OK . . . so . . . have you been to that new café yet?

- -

F : 最近、彼女どうしてるの？

M : 先月ふられたんだ。彼女のことなんか考えるのも嫌だよ。

F : あぁ、そっか…　ところで…　あそこの新しいカフェにはもう行ってみた？

　話題がネガティブに着地したとき、対応に迷いますよね。思いきって話題を変えたいな、というときに使えるフレーズです。

　so の基本的な用法は、2つの文を結び付けて、A so（だから）B というように、A→B の因果関係を表します。しかし、ここでは話題の転換点として用いています。次に紹介する by the way とよく似ていますが、by the way だと話題を変える意図が強すぎて、相手に悪い印象を与えてしまうことも。一方、so は意図をぼかしながら、自然に新しい話題を導入できます。

　雰囲気を変えて会話を再スタートさせたいとき、《ソゥ》ではなく、《ソォ…》と長く伸ばし、あとを引く感じで言い、それから新しい話題を続けます。トピックは、ポジティブなものか、天気などあたりさわりのないものがいいです。

Ryohei's Point

> 次に続ける話題として、〔会話例〕の Have you been to ... ？はいいですね。会話につまったとき、ぼくはよく使います。ほかにも、〔Phrase 11〕で紹介した I really like your ... . を使って、相手の身につけているものを褒めてみるのもいいでしょうね。

Real Conversation　🔊 34 d - real　Ⓝ … Nyree　Ⓐ … Allen

　それでは、リアルな会話のなかで、使い方をチェック！　ナイリーの話、ちょっと雲行きが怪しくなってきました。アレンの対応に注目。

スクリプトは次ページ ➡

🅐 Good morning, Nyree.

🅝 Oh, good morning.

🅐 How was your night?

🅝 Yeah, well, it was good. **Like**, ◀**POINT** it <u>started off</u>※1 really well. We went for dinner. I went for dinner with my husband and we went out for dinner. It was a <u>lovely</u>※2 meal. We went to Shibuya. And then, at the end of the meal, my husband forgot his wallet.

🅐 Oh! Wow.

🅝 Yeah, we had a <u>huge</u>※3 <u>argument</u>※4 and it was <u>horrible</u>※5.

🅐 Oh, I'm sorry.

🅝 Yeah.

🅐 **So** . . . um . . . busy day today?

🅝 Uh . . . yeah yeah, we've got the meeting with Ken Mart later today.

🅐 Oh, did you finish your presentation?

🅝 Yeah, we are pretty much done, but we still have to do the final checks on the <u>projectors</u>※6.

🅐 All right, well, good luck.

Words & Phrases

※1 start off：動き始める　※2 lovely：すばらしい、楽しい　※3 huge：巨大な
※4 argument：口論、議論　※5 horrible：とても不快な　※6 projector：投影機

Allen: おはよう、ナイリー。

Nyree: あ、おはよう。

A: 昨夜はどうだった？

N: う～ん、よかったわよ。そのぉ、はじまりはよかったのよ。夕食に行ったの。夫といっしょに外に食べに行ったんだけど、素敵な食事だった。渋谷だったんだけどね。でも、食事が終わったときにね、夫が財布を忘れてたの。

A: ええッ！

N: そうなの、大げんかになっちゃって、ひどいもんだったわ。

A: お気の毒に。

N: ええ…

A: それで… う～ん… 今日は忙しい？

N: ええ、ケンマート社と今日これから会議があるんだ。

A: そうか、プレゼンの準備はできた？

N: ええ、ほとんど済ませてあるけど、あとプロジェクターの最終チェックをしないといけないわね。

A: そうか、うまくいくことを祈ってるよ。

POINT ▶ つながる会話 Point

- -

間をつなぐ like

Like,

like の一般的な意味は「…を好き」ですね。でも、ナイリーは、どうも「好き」という意味では使ってなさそうです。実は、この like には、ほとんど意味はありません。文と文、単語と単語の間を埋めて、会話のリズムを作る「つなぎ言葉」として使われているんです。〔Phrase 32〕の you know と同じだとお考えください。次の言葉をすぐにつなげないとき、ぜひ使ってみてください。あなたの英語がグッと自然に聞こえますよ。

35 話の種を見つけて、育てる

　会話を楽しく続けるには、アンテナを高く掲げ、話を広げられそうなトピックを常に探る必要があります。同じことをずっと話し続けるわけにはいきませんからね。例えば、次の会話を発展させるのに、あなたならどうしますか？

A: **Why were you late this morning?**
B: **It was raining hard this morning, so I couldn't bicycle to the station like I usually do.**
A: **Oh, I see. So you had to walk.**
B: **Yes, that's right. It took me more than 20 minutes.**

A:　今朝なんで遅れたの？
B:　けっこう雨が降ってて、いつもみたいに自転車で駅まで行けなかったんだよ。
A:　そっか。それで歩いたってわけね。
B:　そうなんだ。20分以上かかったよ。

　「遅刻」というテーマについて、さらに掘り下げていってもいいでしょうが、まあ、ありふれた話題です。なかなか難しいかもしれません。とすると、別のトピックに移行しなければいけないわけですが、その場合──

1　まったく新しい話題を持ってくる
2　今の会話の中から話題を拾ってくる

という、ふたつの道が考えられます。

　もちろん、どちらもありです。でも、どちらかというと **2** のほうがラクでしょう。新規のアイデアを考え続けるのはたいへんですからね。今ある話題と関連付けて考えるほうが、はるかに簡単です。
　具体的には、こんなふうに続けてみてはどうでしょう？

A: Speaking of bicycles, did you know that Sarah is giving a talk about her bicycle travels in China tonight?

（自転車といえば、今晩、サラが中国での自転車旅行について講演をするって知ってた？）

　bicycle という種を拾いあげ、「サラの講演」という新たな話題を発芽させました。このテクニックはぜひ身につけておいてもらいたいです。

　ぼくは、インタビュー取材のとき、相手の発言に発展させられそうなトピックを見つけると、忘れないように、"bicycle" などと、メモしておきます。そして、相手が話し終わってから、あらためてその話題を聞くようにしています（取材は普通の会話とは違い、インタビュイーが一方的に話すケースが多いので）。

　そして、そんなとき、とても便利なのが、先の例でも用いている次の表現です。

speaking of . . .（…といえば）

　「…」部分にアンテナに引っかかったワードをいれて、Speaking of bicycle, …（自転車といえば、…）と、スムーズに新しいトピックを導くことができます。ほかにも、

that reminds me of [that] **. . .**（それで思い出したんだけど…）

もいいですね。ofのあとには名詞を続け、文を続けたければthat節を用います。

🔊 35b

That reminds me that I need to have my bicycle repaired soon.
（それで思い出したけど、私の自転車、早く修理に持っていかないと。）
※that部分（下線部）には気になるワードを入れるのも可。Bicycle reminds me that …

　相手の話から新トピックの種を見つけて、会話の花を咲かせてみてください！

36

世間話を終えて、そろそろ本題を切り出したい

🔊 36a - intro

そんなときに♪

by the way

ところで

会話例　🔊 36b - example

M : So, how was your holiday?

F : It was great. We went to a zoo with friends.

M : Oh, that's nice. By the way, have you checked my text message?

M ： ところで、休みはどうだった？

F ： よかったわよ。友達と動物園と大きな公園に行ったんだ。

M ： それはよかったね。ところで、昨日の晩にぼくが送った携帯メール見てくれた？

　まず挨拶や天気のことなど、当たり障りのないことから話し始めて、頃合いをみて本題を切り出す、というのが会話の基本です。これは英語でも変わりません。しかし、この「頃合いを見て」というのが、難しいですよね。でも、by the way を使えば、多少強引にでも話題を変えられるので便利です。

　ちょっとした会話の切れ目で、by the way。そして、本題を続けましょう。話題を変える合図なので、相手に伝わらなければ意味がありません。by・the・way とぶつ切りではなく、3語で1語のイメージで一気に《バイダウェイ》と発音するのがポイントです。

　これにより、相手も心の準備ができ、会話がうまく運びます。

> それまでの会話をたち切るフレーズなので、使うときは、相手の失礼にならないような配慮が必要ですね。トピックの切れ目を見極めて、挿入するようにしましょう。
> また、カジュアルなメールや、ネット上の文章では、BTW と省略して表記されることも多いですね。

Phrase
36

ほかの言い方　◀))36c-etc

❶ Now then, how about renting a DVD for tonight?
（ところで、今晩見る用に、DVDをレンタルしない？）

※口語で話題を変える際、特に相手の注意を引きたいときに用いる。

Real **C**onversation　◀))36d-real　Ⓜ…Mike　Ⓛ…Laura

それでは、リアルな会話のなかで、使い方をチェック！　ローラがマイクを芝居に誘う一瞬に注目してみて。

 スクリプトは次ページ ➡

(M) Hey, how was your weekend?

(L) Oh, it's lovely actually. I had a really nice day. I went to the <u>theatre</u>※1 with one of my friends. We went to see some Shakespeare.

(M) Oh, really? That sounds nice.

(L) I haven't seen Shakespeare for a really long time, so it was really good to actually sit down and watch a <u>play</u>※2.

(M) You know, I've read Shakespeare for class, but I've never actually watched a <u>performance</u>※3 of Shakespeare.

(L) Really? OK, well, I <u>highly</u>※4 <u>recommend</u>※5 it. Actually, **by the way**, next weekend if you're interested, we are gonna see another play.

(M) Oh, OK, Shakespeare?

(L) Yeah yeah, **do you wanna come?** ◀ POINT

(M) Yeah, I may as well. Is it expensive?

(L) Actually, the one we went to was free.

(M) Free!?

(L) <u>Hopefully</u>※6, you know, this one if we can <u>get in</u>※7 <u>cos</u>※8 it was pretty busy. Yeah, it's free, so come along.

(M) OK, that's, <u>I'm</u>※9 <u>definitely</u>※10 <u>in</u>※9 for that.

(L) Great.

Words & Phrases

※1 theatre：劇場（※このつづりは英国式。米国式はtheater。） ※2 play：演劇 ※3 performance：（演劇などの）上演 ※4 highly：おおいに ※5 recommend：…を勧める ※6 hopefully：うまくいけば、願わくば ※7 get in ...：…に参加する、入る ※8 cos：〔口語表現〕becauseの省略形 ※9 I'm in：（※自分の参加意思を示す表現。何に参加するか明らかであればこれだけでもいいが、厳密に示したい場合はfor ...と続ける。） ※10 definitely：もちろん

Mike: やぁ、週末どうだった？

Laura: 最高だったわ、ほんとうに。とてもいい1日だった。友達と劇場に行ったの。シェークスピアを観にね。

M: へぇ、ほんとに。いいねぇ。

L: ずっとシェークスピアを観てなかったから、席に座ってお芝居を観るっていうのが、すごくよかったわ。

M: あのさ、ぼくは授業でシェークスピアを読んだことはあるけど、実はまだ劇を見たことないんだよね。

L: ほんとに？　じゃぁ、とってもおすすめよ。ところで実は、来週末、もし興味があればだけど、別の芝居を観に行くんだけど。

M: え、シェークスピアの？

L: そうそう、いっしょに行かない？

M: うん、行きたいけど、それって高い？

L: 私たちが行ったやつは、実はタダだったの。

M: タダなの！？

L: 今回のも、うまく入れたらね。というのも、すごく混んでるから。タダなんだから、いっしょに行きましょ。

M: わかった。間違いなく行くよ。

L: よし。

※ローラがby the wayと言った瞬間、マイクが「ン？」と反応している音に注目！　by the wayは、このように相手の注意を引きつけることができます。

POINT ▶ つながる会話Point

誘い言葉の定番！

Do you wanna come?

一緒に行こうよ！　あなたも参加する？　など、シチュエーションは色々あれど、相手を誘う定番表現はコレ。簡単でよく使うフレーズなので、口慣らし練習をして自分のモノにしてください！

明るい方向に
話を持っていきたい

🔊 37a - intro

そんなときに ♪

Still, . . .

とは言っても…

会話例 🔊 37b - example

F : Mike couldn't book my favorite restaurant for my birthday.

M : Still, he can try to book your second favorite one, can't he?

F : Yeah, he could.

F ： マイクは私の誕生日パーティーのためのレストランを予約できなかったの。

M ： でも、第2候補をあたってもらえるんだよね？

F ： まあ、そうだけど。

　ネガティブは雰囲気をポジティブに変えるためのフレーズです。暗い話題だと会話はどうしても滞りがちです。このフレーズをうまく使って、明るい方向に話を展開させていきましょう。

Still, + ポジティブな側面（文） .

相手のネガティブな状況を受けて、「とは言っても、○○だよね」と明るい側面にスポットライトをあてましょう。なるべく明るい口調で言うのがコツですね。

Ryohei's Point

> このstillを使う前に、ちょっと目を向けたいのが、相手の様子。ただ愚痴を聞いて欲しいという雰囲気なら、あんまりポジティブな提案ばかりしていても、逆効果です。愚痴を聞くときは聞くことに徹したほうが、相手としては嬉しいかもしれません。

ほかの言い方 ◀)) 37c - etc

❶ Nevertheless, you can do other kinds of muscle training, right?

（とは言っても、違った筋トレはできるんですよね？）　※still と同じ要領で使える。

❷ But having said it, you can go on a holiday, right?

（とは言っても、休暇には行けるんですよね？）　※同じ要領で使える。

Real Conversation ◀)) 37d - real 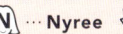 …Nyree …Allen

それでは、リアルな会話のなかで、使い方をチェック！　落ち込むナイリーにアレンがアドバイスをしているようです。

スクリプトは次ページ ➜

(A) Morning, Nyree.

(N) Morning.

(A) Oh, what's the matter?

(N) Well, I've got all my files on my computer, but my computer has just broken.

(A) **What?** ◀ **POINT**

(N) Yeah. Everything for the Ken Mart meeting later this afternoon.

(A) Oh, my God. That's terrible※1.

(N) I know. I don't know what to do.

(A) Well . . . **Still,** you have all your files backed up※2, right?

(N) Yeah, I do, but . . . I don't know. Everything's on there, Allen. Everything.

(A) Uh-huh. Well, if you have all your files, you can use my computer to redo※3 the PowerPoint quickly※4. It shouldn't . . .

(N) Really?

(A) It shouldn't take more than an hour.

(N) Really?

(A) I think so.

(N) OK. Well, can I come and use it now?

(A) Yeah, of course.

Words & Phrases

※1 terrible：とてもひどい　※2 back up：（コンピュータでデータの）バックアップをとる
※3 redo：…をやり直す　※4 quickly：手早く

Allen: おはよう、ナイリー。

Nyree: おはよう。

A: あれ、どうしたの？

N: うん、パソコンにすべてのファイルを入れていたんだけど、パソコンがちょうど壊れてしまったの。

A: なんだって？

N: そうなの。午後のケンマート社の会議に必要なものがすべて入っていたの。

A: えぇっ、それはたいへんだ。

N: そうなのよ。どうすればいいのかしら。

A: そうか… でも… ファイルはすべてバックアップをとっているんだよね？

N: ええ、でも… どうしよう。すべて入ってたの、アレン。すべてよ。

A: うんうん。ファイルがすべてあるのなら、ぼくのパソコンを使って、パワーポイントを手早くやり直せるよ。

N: ほんとに？

A: 1時間もかからないはずだよ。

N: ほんと？

A: だと思うけど。

N: わかった。じゃ、今からあなたのところに行って、使ってもいい？

A: もちろん。

POINT ▶ つながる会話 Point

- -

気をつけたい What? の使い方

What?

What? は、相手の発言への驚きを表現する際によく用います。Really? よりもインパクトは強めです。ただ、アレンのように驚いたときに使うのはいいのですが、相手の発言がわからず「何？」と聞き返す意図では使わないようにしましょう。実はコレ、ぶっきらぼうで、高圧的な印象を相手に与えます。代わりに、Sorry? や Pardon?（☞〔Phrase 1〕参照）を使いましょう。

38

状況を打開する提案をしたい

もうダメだ〜

🔊 38a - intro

そんなときに♪

Unless I do it for you.

ぼくがきみの代わりに対応しない限りはね。

会話例 🔊 38b - example

Ⓕ : I can't hand in the document because I'll be off work tomorrow.

Ⓜ : Unless I do it for you. Would you like me to do that?

Ⓕ : Can you do that? It's really nice of you.

F : 明日仕事を休むから、あの書類を提出できないわ。

M : ぼくがきみの代わりに対応しない限りはね。そうしてほしい？

F : そうしてくれるの？　ホントにありがとう。

Unless + 代替案（肯定文） .

「○○できない」と悩む相手に、突破口を示すフレーズ。Unless（～しない限り）のあとに代替案を続けて、「××しない限り、○○だよ」、つまり「××すれば、○○できるよ」と提案をします。

unless は基本的に〈Unless A, B.〉、もしくは〈B unless A.〉（Aでない限りBだ。）の形で用いますが、ナチュラルな会話では、B部分を省略して Unless 提案内容 . だけで用いられることも多いですね。物事がうまくいかず、煮詰まっているようなら、unless から起死回生の案を提案してみましょう。相手は期待感を持って、こちらの提案に耳を傾けてくれるでしょう。

ポイントとしては、le 部分を強調して発音すると、この意味がより通じやすくなります。

Phrase

38

Real Conversation ◀)) 38d-real 〔M〕…Mike 〔L〕…Laura

それでは、リアルな会話のなかで、使い方をチェック！　商談が難航しているローラに対してマイクは…

スクリプトは次ページ ➜

Ⓛ I have a meeting with the new client※1 today. You remember the one we saw last week?

Ⓜ Yeah, how's that going?

Ⓛ It's a bit※2 **tricky**※3 ◀**POINT**. They're putting their feet down※4 at the moment about the discount that we're offering※5. They say it's not really enough.

Ⓜ Yeah, but we really can't budge on※6 that.

Ⓛ Mm . . . I was thinking it might be possible to drop※7 it a little bit further※8.

Ⓜ You know, we really couldn't drop it any lower than it already is. **Unless** we get them to sign※9 a five year contract※10 or . . .

Ⓛ OK, that's an idea. Yeah, I can bring that up※11 for them today and see what they think. That would benefit※12 everybody, I think.

Ⓜ OK, well, before you speak to them, let me speak with management※13 and see if I can get it approved※14. And then, we can go ahead※15 and offer it from there.

Ⓛ Great.

Ⓜ OK.

Words & Phrases

※1 client：顧客　※2 a bit：少し、わずか　※3 tricky：やりにくい、慎重を要する　※4 put one's foot down：断固として反対する　※5 offer：…を提案する、申し出る　※6 budge on：…について譲歩する　※7 drop：…を下げる　※8 further：さらに、なおいっそう ※9 sign：（書類・契約）に署名する　※10 contract：契約（書）　※11 bring up：…を提供する　※12 benefit：…のためになる　※13 management：経営陣　※14 approve：…を承認する　※15 go ahead：先に進む

Laura: 今日、新しいクライアントと会議があるの。先週会ったクライアント覚えてる？

Mike: あぁ、どんなふうに進んでる？

L: ちょっと面倒なことになってて。現在こちらが提案している値引きに断固反対してきているの。まったく十分じゃないってね。

M: そうか、でも、こっちだって譲歩はできないよ。

L: あともう少しだけ値下げできないかって考えてるんだけど。

M: わかっていると思うけど、現状よりも下げることは、ほんとうにできないよ。5年契約にサインさせるとかしない限りは…

L: そうね、それもひとつのアイデアね。わかった。その案を今日提案してみて、彼らがどう考えるか見てみるわ。みんなの利益になるかもしれないわね。

M: よし、でも、彼らに話す前に、経営陣と相談させて。それで了解をとれるかどうかみてみよう。もし了解がとれたら、それで進めて相手の反応をみよう。

L: 了解。

M: よし。

Phrase

38

POINT ▶ つながる会話Point

- -

trickyはトリッキー？

英会話での使用頻度は高いけど、英語学習者はあまり知らない、うまく使えない、という単語がこちらtricky。辞書を引いても複数の日本語訳がでてきて、あまり要領を得ないのではないでしょうか？　ピタッとひと言で表せる日本語はないかもしれません。言葉のイメージは、「簡単そうに見えて実はちょっと複雑（難しい）」という感じです。辞書の日本語訳に頼らず、文脈での使われ方の感じで身につけるのがオススメです。

39 「言い換え」を有効活用

　会話をしていると、ここだけは相手にきっちり伝えたい、と思うことが少なからずあると思います。そして、そんなときに限って、相手が「？？？」という顔をしている。それもまた、よくあることだと思います。

　相手に効果的に意味を伝達したいときに、ぜひ取りいれて欲しいのが、くり返しのテクニックです。でも、そっくり同じ文章を言うのではなく、うまく「言い換え」ながら、というのがミソです。4つの方法をご紹介します。

■1　I mean / what I mean is　　　　　　　　　　　　🔊 39a

This macaroon tastes really good. <u>I mean</u>, I never had anything like this before.

（このマカロン本当においしいね。つまり、今までで食べた中でいちばんおいしいよ。）

※相手が理解していないときの言い換え、意味の強調、どちらにも使える。I mean, のあとは、はじめのセンテンスの内容を違う角度から表現している。

■2　in other words　　　　　　　　　　　　　　　🔊 39b

I'm not going back to uni for now. <u>In other words</u>, I'll wait for the right moment to try again.

（今は大学に戻るつもりはありません。言い換えると、将来、再挑戦する時期がくるのを待っているんですよ。）

※in other words は文字通り「言い換えれば」という訳になる。相手が理解していないときの言い換え、意味の強調、どちらでも使えるが、前者が多い。

3 basically

🔊 39c

I'm the head of this Slough office. So basically, I'm in charge of everything happening here.

（私がこのスラウ事務所の所長です。つまり、ここで起こるすべてのことの責任者だということです。）

※相手が理解していないときの言い換え、意味の強調、どちらにも使えるが、後者が多い。basicallyには、「前述のセンテンスをより噛み砕いて、簡単に伝えると」という意味がある。

4 重要な単語（意味のまとまり）をくり返す

🔊 39d

It turned out that he really enjoys eating chestnuts. Really enjoys it.

（それが、彼は栗をとても美味しそうに食べているんだよ。とっても美味しそうにね。）

※意味の強調に使います。単語ひとつの場合もありますし、意味のまとまりを抜き取って繰り返す場合もあります。

　くり返し・言い換えテクニックは、自分の意図を確実に理解してもらうために、とても有効です。しかし、気の利いた言い換えをするのが、難しいという難点もあります。

　そこで、ぜひ普段から取り入れてほしいのが、英英辞書をひく癖をつけることです。なぜかというと、英英辞書は、単語やフレーズを易しい英文で説明している、まさしく「言い換え」辞書だからです（※英英辞書にもレベルがあります。自分が読みやすいと感じるものを選べば学習効果は高まります）。

　ぼくも一時期、集中的に英英辞書を使って学習した経験がありますが、英語力の伸びを実感できました。

　ぜひお試しあれ！

Technique
39

Chapter **6**

相手からのどんな
ボールも打ち返す
テクニック

投げ掛けられたボール（話題）を、100%
思い通りに打ち返す──。
これは正直、難しい。でも、とにかく打
ち返さなければ会話はつながりません。
きれいじゃなくても、多少気が利いてい
なくてもいいから、とりあえず返す。
そんな表現＆テクニックを学んでいきま
しょう。

40

やわらかく否定を
したいんだけど…

🔊 40a - intro

そ ん な と き に ↻

Not really.

それほどでもないです。

会話例 🔊 40b - example

Ⓜ : Do you like *Sherlock Holmes*?

Ⓕ : Not really. I don't read many detective stories.

Ⓜ : What kind of books do you read then?

M : シャーロックホームズは好き？

F : それほどでも。推理小説はあんまり読まないんだ。

M : じゃあどんな本を読むの？

　英語は「noをはっきり伝える」とよくいわれます。日本語に比べるとたしかに、その傾向はありますが、英語にもやわらかいnoの伝え方はあります。

　例えばDo you want to go out tonight?（今晩でかけようか？）という誘いに、No. のひと言だと、場合によっては「イヤだよ！」という強い否定と受け取られるでしょう。そこで、Not really. という表現がよく使われます。そうすると「ちょっとやめとこうかな」くらいの意味になります。相手の印象が違ってきますよね？

　reallyを強調して、すこしゆっくり目に発音します。

　また、否定文でもnotのあとにreallyを加えることで、否定の意味をやわらげることができます。

例 **No, I don't really wanna go out tonight.**

（いや、今夜はあんまりでかけたくないなぁ。）

相手の気持ちを思いやる気配り表現ですね。誰だって、面と向かって否定を突きつけられるのは気持ちがよくありませんからね。でも、はっきり否定を伝なければならない場合は、もちろんreallyなしでいきましょう。

Real Conversation 🔊 40d - real 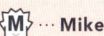 …Mike 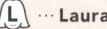 …Laura

それでは、リアルな会話のなかで、使い方をチェック！　ローラとマイクが新しく入ってきた社員について話しています。

スクリプトは次ページ ➜

Ⓛ So, what do you think of the new person?

Ⓜ Naomi?

Ⓛ Yeah yeah.

Ⓜ Um, I'm **not really** sure. I mean . . . she's **not really** . . . my, my favorite person in the office at the moment.

Ⓛ Yeah, I'm not sure she's getting on with※1 everybody very well. She seems to be rubbing people up the wrong way※2.

Ⓜ Hmm . . . Yeah, I **don't really** know . . . like what exactly . . . or what her role※3 is gonna be. I mean, she's supposed to※4 be . . . taking care of※5 all the administrative work※6, but she seems to be stepping on a lot of toes※7.

Ⓛ Totally※8, yeah. I'm not sure as a . . . as an advisor . . . as a supervisor※9 she's gonna be the right person for the job.

Ⓜ Mm . . . Yeah, I think so. Hmm . . . Well, we'll have to **wait and see** ◀ POINT how it all goes, but I'm not optimistic※10.

Words & Phrases

※1 get on with ... : …（人）とうまくやっていく
※2 rub someone up the wrong way：（人）の神経を逆なでする
※3 role：職務
※4 be supposed to do：…することになっている、すべきである
※5 take care of ... : …を引き受ける
※6 administrative work：管理業務
※7 step on someone's toes：（人）の領域を侵す
※8 totally：まったく、とても
※9 supervisor：管理者
※10 optimistic：楽観的な

Laura: で、新しい人のことどう思う？

Mike: ナオミのこと？

L: そうそう。

M: う～ん、よくわからないな。つまり彼女は… 今のところ… 社内で好きな人ってわけじゃないなぁ…

L: そうよね。彼女がみんなとうまくやっているとは、私には思えないわ。彼女は、人の神経を逆なでしていると思う。

M: う～ん、そうだね、彼女の役割が何になるのか、はっきりしないんだよね。つまり… 彼女は管理業務を担当することになっているはずだけど、人のことに口をはさみ過ぎていると思う。

L: まったく、そのとおりね。管理職としてのこの仕事に、彼女が適任かどうか疑わしいよね。

M: う～ん、そうだね。そう思う。でも、まあどうなるか、ちょっと様子をみるしかなさそうだね。楽観はしてないけど。

Phrase

40

POINT ▶ つながる会話 Point

議論にとりあえずのピリオドを打つ

wait and see

議論をしていて、結局はっきりとした決断をくださない（くだせない）とき、よく使うフレーズです。

Let's wait and see. / We'll see. / I'll wait and see.

のようにバラエティーはありますが、「ちょっと様子をみてみよう」という意味。着地点が見えない議論にとりあえずのピリオドを打つ便利フレーズです。

41

相手を尊重しつつ、誘いを断りたいな

🔊 41a - intro

そんなときに❩

the thing is

実は

会話例 🔊 41b - example

F : Let's apply for this clown position at the circus.

M : Well, the thing is, I'm a bit scared of clowns.

F : Oh, all right. Never mind then.

F ： サーカスのピエロの職に応募してみましょうよ。

M ： う〜ん、実は、ピエロってちょっと苦手なんだよ。

F ： ああ、そっかぁ。じゃあ、気にしないで。

相手の誘いを断るのはなかなか難しいですよね。どう答えていいかわからずに、口ごもってしまう。そんな経験をした方も多いでしょう。そんなときに役立つ表現がコレ。

The thing is, + [断る理由（文）] .

相手の誘い・提案に対して、はっきりとnoを突きつけるのではなく、the thing is（実は）と言ってから、理由を述べます。相手を尊重する気持ちをいっしょに伝えられるので、相手も気分を害することなく、納得してくれるでしょう。

《ザ・ティンギーズ》と（特にthingを強調して）発話すると通じやすいですね。WellやAhでワンクッション入れてから続けるのも、よくあるパターンです。

ほかの言い方 🔊 41c - etc

❶ **The truth is, I've never lived abroad.**
（実は、外国に一度も住んだことがないんだ。）　※the thing isと同じ要領で使える。

❷ **I guess we could, but you will have to share your room with your friend.**
（それもありだろうけど、でも友達とルームシェアをしないといけなくなるよ。）
※相手の提案をいったん受け入れることで、角が立たずに済む。

Real Conversation 🔊 41d - real Ⓝ …Nyree Ⓐ …Allen

それでは、リアルな会話のなかで、使い方をチェック！　ナイリーとアレン、どちらも苦手なことが多いようで…

スクリプトは次ページ ➡

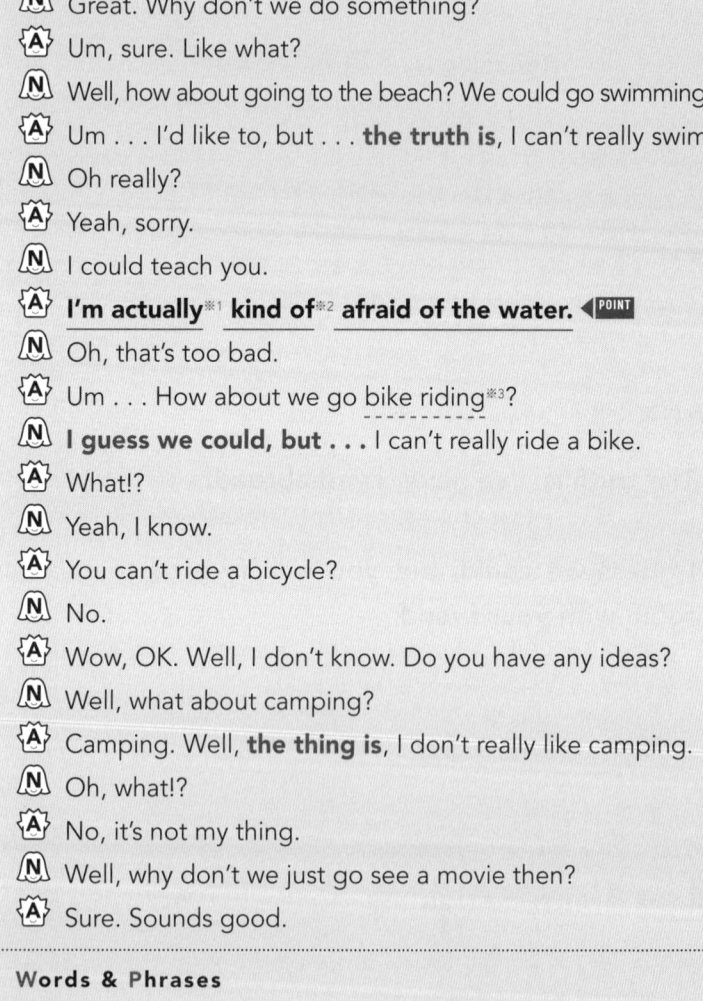

(N) Allen, are you free this weekend?

(A) Yeah.

(N) Great. Why don't we do something?

(A) Um, sure. Like what?

(N) Well, how about going to the beach? We could go swimming.

(A) Um . . . I'd like to, but . . . **the truth is**, I can't really swim.

(N) Oh really?

(A) Yeah, sorry.

(N) I could teach you.

(A) **I'm actually**※1 **kind of**※2 **afraid of the water.** ◀**POINT**

(N) Oh, that's too bad.

(A) Um . . . How about we go bike riding※3?

(N) **I guess we could, but . . .** I can't really ride a bike.

(A) What!?

(N) Yeah, I know.

(A) You can't ride a bicycle?

(N) No.

(A) Wow, OK. Well, I don't know. Do you have any ideas?

(N) Well, what about camping?

(A) Camping. Well, **the thing is**, I don't really like camping.

(N) Oh, what!?

(A) No, it's not my thing.

(N) Well, why don't we just go see a movie then?

(A) Sure. Sounds good.

Words & Phrases

※1 actually：実は　　※2 kind of：いくぶん、ちょっと　　※3 bike riding：自転車に乗ること

Nyree: アレン、今週末は暇？

Allen: うん。

N: よかった。何かしない？

A: あぁ、もちろんいいよ。例えばどんなこと？

N: そうねぇ、ビーチに行くってのはどう？　泳ぎにいけるわよ。

A: あぁ… 行きたいんだけど… 実は泳げないんだよね。

N: ほんとに？

A: そうなんだ、ごめん。

N: 教えてあげられるよ。

A: 実を言うと、水が怖いんだ。

N: そっか、それは残念。

A: サイクリングに行くってのはどう？

N: いいと思うんだけど… 自転車にまったく乗れないの。

A: えぇっ！

N: そう、そうなのよ。

A: 自転車に乗れないの？

N: 乗れないの。

A: そうか、わかった。じゃ、どうしようか。何かアイデアある？

N: そうねぇ、キャンプはどう？

A: キャンプかぁ。う〜ん、実は、キャンプってぜんぜん好きじゃない。

N: えぇ、そうなの？

A: うん、ぼくに向いてないんだ。

N: そうか、そしたら単純に映画を観に行くってのはどう？

A: もちろん、いいよ。

POINT ▶ つながる会話**Point**

- -

ストレートとは限らない

I'm actually kind of afraid of the water.

英語はストレートな物言いをするとよくいわれます。たしかに、そうした側面はありますが、何でもズケズケ言うわけではありません。be動詞の後ろ、または、主語と一般動詞の間に、actually kind ofを挟むことで、「実は…な感じ」というニュアンスが加わります。つまり、言いたいことをぼかすことができるんですね。

Phrase
42 お茶を濁しておきたいんだけど…

42a - intro

そんなときに

Yeah, I guess.

うん、まあそんなとこ。

会話例 42b - example

M : So you're going to Turkey next month?
F : Yeah, I guess . . .
M : Haven't you decided yet?

M : 来月トルコに行くんだって？
F : うん、まあ、そんなとこ。
M : まだ決定してないの？

　英語にも曖昧な表現はたくさんあって、この Yeah, I guess. も「まあ、そうかもね」と白黒はっきりさせたくないときに使います。

　質問に対して、どこかひとごとのように発話しましょう。guess（…と思う）を使うことで、自分の力ではコントロールできない――だからどちらとも言えない――というニュアンスになります。

　そうやって、答えをぼかしておけば、相手もこちらの気持ちを察して、深入りを避けてくれます。まぁ、あえて突っ込んで質問してくる詮索好きもいるんですけどね…

Ryohei's Point

> ほめられたときに、正面から yes と認めるのが気恥ずかしいときにも、ぼくはよく使います。以下の例のような感じです。

例 A: Wow, your business has been really going well recently, hasn't it?

（わぁ、最近仕事がとっても好調のようだね。）

B: Yeah, I guess.

（うん、まあそうなんだよ。）

ほかの言い方　◀))42c-etc

❶ Yeah, something like that.

（うん、そんな感じ。）　※より曖昧な答え方。

Real Conversation　◀))42d-real　Ⓝ…Nyree　Ⓐ…Allen

それでは、リアルな会話のなかで、使い方をチェック！　ナイリーはまだ、彼氏のことをアレンにははっきり言いたくないのかな？

スクリプトは次ページ ➡

🅐 Hey, I heard you moved[1] recently[2].

🄛 Yeah yeah, I did.

🅐 How did it go?

🄛 Not too bad. Things went pretty smoothly.

🅐 Uh-huh. Where are you living now?

🄛 We moved to Takadanobaba.

🅐 Oh, really? Oh, "We"?

🄛 Yeah . . .

🅐 Oh, with that guy? The Japanese guy?

🄛 Uh-huh. Yeah.

🅐 Oh, so, is he your boyfriend now?

🄛 Mm . . . **Yeah, I guess.**

🅐 Oh, really? Oh, congratulations!

🄛 Thank you.

🅐 So, how's the rent[3]?

🄛 Well . . . Yeah, it's not too bad for Takadanobaba.

🅐 Really? **Is it like, I don't know, 80,000?** ◀ POINT

🄛 **Yeah, something like that.** And what about you? Are you still living in Takadanobaba?

🅐 Oh, well, it's more like Shin-Okubo, but, yeah, around there.

🄛 Oh, OK. Great. So, do you get to eat *yakiniku* all the time?

🅐 Um . . . **Yeah, I guess.**

Words & Phrases

※1 move：引っ越す、移転する　※2 recently：最近　※3 rent：家賃

Allen: やぁ、最近引っ越したって聞いたよ。

Nyree: そうそう、引っ越したの。

A: どんな具合だった？

N: 悪くなかったわよ。とても順調にいったし。

A: そうなんだ。どこに住むことになったの？

N: 私たち高田馬場に引っ越したのよ。

A: ほんとに？　ん、"私たち"？

N: う、うん。

A: え、あの男性？　日本人の？

N: そうよ。

A: そうか、じゃぁ、彼と今つき合ってるんだね？

N: う〜ん、そうね。そんなとこ。

A: へぇ、そうなんだ？　そうか、おめでとう！

N: ありがとう。

A: ところで、家賃はどう？

N: そうねぇ…　まあ、高田馬場にしては悪くないわよ。

A: ほんとに？　そうだな、よくわからないけど、8万くらい？

N: そうね。そんな感じ。ところで、あなたはどう？　まだ高田馬場に住んでるの？

A: う〜ん、どちらかというと新大久保だけど、でも、うん、そこらへんだね。

N: そうなんだ。いいわね。じゃぁ、いつも焼き肉を食べに行ってるのね？

A: う〜ん、まあね。

POINT ▶ **つながる会話Point**

自信のない推測をするとき

Is it like, I don't know, 80,000?

like と I don't know を挿入することで（※片方だけでも可）、自信のなさ、あてずっぽう感を示せます。日本語でも「よくわかんないけど…」という前置きをすること多いですよね。それを英語にすると、I don't know なんです（そのまんまですね）。

43

角を立てずに、うまく自分の意見も言いたいな

🔊 43a - intro

そんなときに

I know what you mean, but there are a lot of opportunities in London.

君の言うことはわかるよ、でもロンドンにはたくさんチャンスがある。

会話例 🔊 43b - example

Ⓕ : I really like living in Tokyo.

Ⓜ : I know what you mean, but there are a lot of opportunities in London.

Ⓕ : I suppose you're right.

- -

F : 東京での生活が気に入っているの。

M : 君の言うことはわかるよ、でもロンドンにはたくさんチャンスがある。

F : それもそうだね。

　自分の意見をしっかり伝えるのは大切です。でも相手と意見の衝突がある場合、切り出し方がわからず、うまく主張ができない人が多いようです。結果、相手の意見を聞くだけで終わってしまう——それを避けるための表現です。

I know what you mean, but + 　自分の意見　.

　「あなたの言っていることはわかりますよ」と、いったん相手の意見を尊重し、それからbutで自分の意見を導きます。まず相手への敬意を示すことで、最初の感情的な衝突を避け、こちらの意見を聞く体制に入ってもらう作戦です。これは交渉ごとで、ぜひ使いたい表現ですね。

> 経験上、頑なになればなるほど自分の意見は通らないもののようです（笑）。どうしても通したい主張があるときほど、このフレーズは大切です。円滑な人間関係のための魔法のフレーズだと思っています。

Phrase

43

ほかの言い方　🔊 43c - etc

❶ **That's true, but I really want to take a chance.**
　（たしかにそうだけど、だめもとでもやってみたいんだよ）　※同じ要領で使える。

❷ **True. But don't you think that you can do much more than you think?**　（その通りですね。だけどキミは自分が思っているよりも、はるかにたくさんできることがあるとは思わない？）　※やや自分の主張が強い。

Real Conversation　🔊 43d - real　 … Nyree　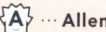 … Allen

　それでは、リアルな会話のなかで、使い方をチェック！　就職面接をした候補者について、アレンとナイリーは意見が違うみたいですね。

スクリプトは次ページ ➡

Ⓐ So, today's interviews※1 went really well. Don't you think?

Ⓝ Yeah yeah, Bill was great, wasn't he?

Ⓐ Yeah, I really liked Bill and Sandra.

Ⓝ Uh-huh. Yeah, I can definitely※2 see her working here.

Ⓐ Uh-huh. Which one did you like better though※3?

Ⓝ Well, I thought Bill was quite good. He's still living in the UK, but he's got a lot going for him, so enthusiastic※4.

Ⓐ **I know what you mean.** I liked Bill, too. **But,** I mean※5, Sandra just has so much experience※6.

Ⓝ Um . . . **That's true, but** maybe she's got a little too much experience for this position※7.

Ⓐ You think so?

Ⓝ Yeah. Um, well, I mean, Sandra is here, but Bill said he's willing to※8 come as soon as he can.

Ⓐ **True. But don't you think that** Bill was a bit too serious※9?

Ⓝ Yeah yeah, he did have that, but that could work to our advantage※10.

Ⓐ **I suppose so.** ◀POINT

Ⓝ Well, why don't we get a third opinion※11?

Ⓐ All right.

Words & Phrases

※1 interview：(就職) 面接　※2 definitely：明確に、たしかに　※3 though：でも、だが
※4 enthusiastic：熱心な　※5 I mean：つまり　※6 experience：経験　※7 position：職、
地位　※8 be willing to do：喜んで…する　※9 serious：まじめな、真剣な
※10 advantage：有利な点　※11 third opinion：第三者の意見

Allen: で、今日の面接はとてもよかったね。そう思わない？

Nyree: えぇ、ビルがよかったわね。

A: そうだね、ぼくはビルとサンドラがとても気に入ったな。

N: うんうん。そうね、彼女がここで勤務している様子は簡単にイメージできるわ。

A: ああ、でも君がより気に入ったのはどっち？

N: そうね、ビルがとてもいいと思ったわ。まだイギリスに住んでいるけど、ポテンシャルはとても高いよね、とても熱心だし。

A: 君の言うことはよくわかるよ。ぼくもビルのこと気に入っているし。でも、サンドラはとても多くの経験を持っているよね。

N: う～ん、たしかにそうね。でも、この職種にとって、彼女はちょっと経験がありすぎるかもしれないわね。

A: そう思う？

N: えぇ。う～ん、サンドラは近くに住んでるけど、ビルもできるかぎりすぐに来ると言ってるし。

A: そうだね。でも、ビルはちょっと力みすぎじゃないかな？

N: えぇ、彼はたしかにそうね。でも、それが利点となることもあるわ。

A: そうだね。

N: じゃ、第三者の意見を聞いてみない？

A: 了解。

POINT ▶ **つながる会話Point**

やや弱めの同意表現

I suppose so.

「私もそう思う」と同意するとき、I think so. と I suppose so. のどちらでも構いません。しかし、相手からすれば、thinkのほうが、より強い同調を感じられるでしょう。supposeは同意の度合いがやや弱めです。ためらいがちに言えば、I'm not really sure.（ちょっとわかりません）と同じような意味、「場合によっては同意しかねる」くらいのニュアンスになります。

44　Yes / No で終わらせない

　英語ネイティブスピーカーは自然に身につけているけれど、そのことについてしっかり教えてくれるテキストは、ぼくの知る限り、とても少ない（なぜなんでしょう？）。その結果、ほとんどの日本人英語話者が実践できていない。そんなルールがあります。

　さて、それはいったいどんなものでしょう？

　答えは、相手の質問、特に yes / no 疑問文に対する「応答の適切な情報量」です。
　答える量が多すぎると、相手は聞くのに飽きてしまい、会話は頓挫しやすくなります。逆に少なすぎても、相手ばかりに話す負担がいってしまい、同じく会話は長続きしないでしょう。
　英会話が続かない、難しい、と感じている日本人の多くは、後者に当てはまるケースが多いとぼくは考えています。

　具体的にみていきましょう。例えば——

Do you like yoghurt?　（ヨーグルトは好き？）

という質問を受けた場合、あなたならどんな返事をしますか？

Yes, I do.　（はい、好きです。）
No, I don't.　（いいえ、好きではありません。）

　はい、文法の授業であれば、正解です。しかし、実際の会話においては△です。いや、「会話をつなぐ」という観点からは、むしろ×と言えるかもしれません。なぜか？　返答が機械的で短すぎるのです。

　業務アンケートならともかく、楽しく会話しようというときに、「はい／いいえ」と答えるだけでは不自然ですね。

　仮にそれで終わったとすると、相手からは「あ、この話題を避けたいんだな」、「あれ？　私ともう話したくないのかな」という印象を持たれる可能性が非常に高いです。気をつけてください！

　では、どうすれば、自然な会話を続けていくことができるのか？

　簡単です。yes / no だけでなく、そのあとに関連情報を2、3センテンス続ければいいのです。

🔊 44a

A: **Do you like yoghurt?**
B: **Yes, I do. I especially like strawberry. I usually eat it for breakfast. Do you?**

A:　ヨーグルトは好き？
B:　ええ。特にいちご味のが。朝食としてよく食べるんですよ。あなたは？

　自然な会話としては、これでようやく○のレベルでしょう。続けるセンテンスの数は、厳密なものではありませんが、1つでは短すぎるし、5つ以上だと長いかもしれない、程度に考えておいてください。

　内容は質問に関係するものなら何でも構いません。はじめは難しいかもしれませんが、発信の意思さえあれば、徐々に文をつなげるようになります。

　相手へのクエスチョンで最後を締められればパーフェクトですね。でも、まずは、「yes / no だけで終わらせない！」を肝に銘じておきましょう。

　これだけであなたの英語カンバセーションが格段にスムーズになります。

45

お礼に対して You are welcome. 以外にも何か言いたい

My pleasure♪

🔊 45a - intro

そんなときに♪

My pleasure.

どういたしまして。

会話例 🔊 45b - example

F : I'll give you this leather jacket if you want it.

M : Really? Of course, yes. Thank you so much.

F : No problem. My pleasure.

F : この革ジャン、欲しければあげるわよ。

M : 本当？　もちろんいるよ。ホントにありがとう。

F : いいわよ。どういたしまして。

Thank you. と言われたら You're welcome.——この公式がすり込まれている人、多いと思いますが、こればっかりだと味気ないですよね。代わりに使える表現として、ステキなのが My pleasure. です。

なぜステキかというと My pleasure. は直訳すると「私の喜び」。つまり、相手に感謝された行為——プレゼントや道案内など——それこそが、私の喜びなんです、と言っているわけです。気の利いた返しだと思いませんか？

Sure. / No problem. / That's fine. などと組み合わせて使うといいですね。もしプレゼントをしたのであれば、それをチョイスした理由などをあとに続けると、話題が膨らみますよ。

> 個人的に、My pleasure. とセットでよく使うのは No problem at all.（全然大丈夫）です。取材でお土産を渡したあと、Thank you. と言われたら必ず使っています。あと、メールなどの書き言葉では、It's my pleasure. と、It's を付けるといいですね。

ほかの言い方 ◀)) 45c - etc

❶ Please don't mention it.

（全然いいんですよ。）　※「お礼にはおよびません」という謙遜の表現。

❷ No problem.

（いいですよ。）

※文字通り「問題ない」という意味でも使えますが、感謝に対する応答としてもよく使う。

Real Conversation ◀)) 45d - real 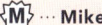 …Mike 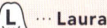 …Laura

それでは、リアルな会話のなかで、使い方をチェック！　マイクがローラに何かプレゼントをしたみたいですね。

> スクリプトは次ページ ↪

{M} Hey, Laura. Um . . . I got you something.※1

{L} Oh, really?

{M} Yeah, here.

{L} Oh, wow! Um, **can I open it now?** ◀POINT

{M} Yeah, please.

{L} Oh, great . . . Oh, Mikey. It's . . . it's really nice. Thank you so much.

{M} **Yeah, no problem.** Um, I thought it really looked like it matched※2 your style※3. And . . . well . . . you know the other week we were shopping and you kept looking at necklaces※4.

{L} Mm . . . I remember.

{M} And usually you don't wear necklaces, so I just thought it was something that you wanted . . . and something that you need . . . and it just seemed to suit※5 you. So, uh . . . I hope you like it.

{L} Oh, thank you very much. It's very observant※6 of you. I'm . . . I'm sure I'm going to wear it a lot.

{M} **No problem. My pleasure.**

Words & Phrases

※1 I got you something. : 「プレゼントがあります。」という定型フレーズ。
※2 match : …と調和する、似合う
※3 style : （服装などの）流儀、様式
※4 necklace : 首飾り
※5 suit : …に似合う
※6 observant : 目ざとい

Mike: やぁ、ローラ。プレゼントがあるんだ。

Laura: え、本当？

M: うん、ほら。

L: えぇっ！　開けてもいい？

M: うん、どうぞ。

L: ありがとう…　あぁ、マイキー。ほんとに、ほんとに素敵。ありがとう。

M: いやいや、どういたしまして。君の格好にとても似合うだろうと思って。それに、ほら、この前、買い物に行ったとき、君はネックレスをずっと見てたから。

L: ええ、覚えてるわ。

M: ふだんネックレスをつけてないから、君が欲しいものなんだろうなぁ…　必要なものなんだろうなぁと思って…　それに、君にきっと似合うと思ったから。気に入ってくれると嬉しいな。

L: ほんとうにありがとう。よく気がつくのね。きっとたくさん身につけるわ。

M: どういたしまして。ぼくもうれしいよ。

POINT▶ つながる会話Point

- -

プレゼントはすぐに開ける

Can I open it now?

贈り物をもらった際、日本だと、相手の目の前で開けるのは失礼とされています。でも、欧米はその逆です。プレゼントをもらったらその場で、ビリビリ包装紙を破く。そんな光景をよく見かけます。でも、開ける前に Can I open it now?──このひと言をお忘れなく！　必須のマナーフレーズです。

Phrase 46

どっちでもいい選択に対しては…

🔊 46a - intro

そんなときに♪

Either is fine.

どっちでもいいよ。

会話例 🔊 46b - example

Ⓕ : What are you looking for, long sleeves or short sleeves?

Ⓜ : **Either is fine.**

Ⓕ : OK. Which color?

- -

F : 何をお探しですか？　長袖でしょうか、半袖でしょうか。

M : どっちでもいいです。

F : わかりました。ではお色は？

「AかBか？」と問われても、どっちでもいいことってありますよね？「(AとB) どちらでも構わない」って英語で言うの難しそうですが、実はEither is fine.のワンフレーズでOK。簡単なんです。fineは、goodやgreatなど、そのほかのポジティブな形容詞に替えても構いません。

注意したいのは、これは2択の場合にのみ使えること。3択以上の場合には、次の〔ほかの言い方〕を参照してください。

ほかの言い方　🔊46c - etc

❶ Whatever is easier for you.

（なんでも君の都合がいいのでいいよ。）

※Either is fine.は2択に対する返答だが、こちらは3択以上のケースでも使える。

❷ Whichever you prefer.

（どちらでも君の好きなほうでいいよ。）　※上記に同じ。

Real Conversation　🔊46d - real　N … Nyree　A … Allen

それでは、リアルな会話のなかで、使い方をチェック！　今夜の予定を話し合うナイリーとアレンですが、アレンはどこでもいいみたい。

スクリプトは次ページ

Ⓝ What are you doing tonight?

Ⓐ Um . . . I don't have any plans. Why?

Ⓝ Oh, well, shall we go for dinner?

Ⓐ Sure.

Ⓝ Great. Well, I know this great Thai chain※1. There's one in Koenji and also one in Shin-Okubo. So which place would be better for you?

Ⓐ **Either is fine.**

Ⓝ Oh, OK. We could go to Koenji, I guess.

Ⓐ All right. Hey, you know, there's a really good *yakiniku* place in Koenji. Would you wanna go there?

Ⓝ Oh, I'm sorry, but I don't eat meat.

Ⓐ Oh, that's right. I forgot. Sorry.

Ⓝ That's OK. Well, would you prefer※2 an *izakaya*? There are plenty around in Shimokitazawa or Shinjuku.

Ⓐ OK, um . . . yeah, **whatever is easier for you.**

Ⓝ Oh, OK. Why don't we go to Shinjuku? Um . . . What time?

Ⓐ Um, well, I'm free from 6 o'clock.

Ⓝ Oh, actually, I'm working late※3 tonight, so 6:30 or 6:45?

Ⓐ **Whichever you prefer.**

Words & Phrases

※1 chain：チェーン店
※2 prefer：…を好む
※3 work late：残業する

Nyree: 今夜何してる？

Allen: ええっと、何も予定ないかな。どうして？

N: うん、いっしょにご飯食べに行かない？

A: いいね。

N: よし、じゃぁ、とてもいいタイ料理レストランのチェーンを知ってるんだけど、高円寺と新大久保にお店があるの。どっちがいいかしら？

A: どちらでも構わないよ。

N: じゃ、高円寺に行くのがよさそうね。

A: 了解。あ、そうだ、高円寺にとってもいい焼き肉屋さんがあるんだよ。行ってみたい？

N: ごめん、私お肉は食べられないんだ。

A: あ、そっか。忘れてた。ごめん。

N: いいのいいの、じゃ、居酒屋がいいかしら？　下北沢や新宿にたくさんあるけど。

A: そうだね、うん、なんでも君の都合がいいところでいいよ。

N: わかった。新宿に行こう。それで、何時にする？

A: ええっと、ぼくは6時から空いてる。

N: 実は、私は今夜残業するから…　6時半とか6時45分はどうかしら？

A: どちらでも君の好きなほうでいいよ。

47

よく知らない話題を振られちゃった…

Have you been there?

トラカフェ

🔊 47a - intro

そ ん な と き に ❓

No, I haven't. But I heard it's run by a famous chef.

まだなの。でも有名なシェフが経営しているらしいわね。

会話例 🔊 47b - example

🗣 M : Have you been to that Vietnamese restaurant yet?

🗣 F : No, I haven't. But I heard it's run by a famous chef.

🗣 M : Yes, the food is so authentic.

- -

M ： あのベトナム料理屋さんにもう行った？

F ： まだなの。でも有名なシェフが経営しているらしいわね。

M ： そうなんだ。どの料理もとっても本格的なんだ。

　会話を続ける鉄則は自分の得意な話題を選ぶこと。では、経験のない話を振られたらそこでゲームオーバーか？　いえ、必ずしもそんなことはありません。そんなときは——

No . . . But I heard ＋ 第3者の意見／客観的情報 .

このテクニックで対応します。相手の質問に「知らないよ、行ったことないよ」と否定するだけでは、せっかく振ってくれた話題を拒絶する感じになってしまいます。そうなっては、相手も次の言葉をつなぎ難いですね。

　そこで、no を使った返答のあとに、「でも●●は△△だと言っていたよ」という第3者の意見や、一般的な情報を続けるのです。そうすれば、相手も自分が知っている情報を気持ちよく語ることができ、会話も弾みます。

　I heard のほか、I read（…と読んだ）、I saw（…と見た）なども使えます。

Ryohei's Point

　自分に縁のない話題にでくわしたとき、ぼくは逆に会話を継続させるチャンスととらえます。知らなければ、それだけ質問できることが多くなりますからね。

Phrase
47

Real **C**onversation 🔊 47d - real Ⓝ … Nyree Ⓐ … Allen

それでは、リアルな会話のなかで、使い方をチェック！　ハリーポッター大好き！　のアレンに対してナイリーは…

スクリプトは次ページ ➜

Ⓐ Hey, did you see the new *Harry Potter* movie?

Ⓝ **No, I haven't. But I heard it's fantastic.**

Ⓐ It was amazing.

Ⓝ Oh, great. So, **who did you go with?** ◀ POINT

Ⓐ Um, you know, just a couple of※1 friends.

Ⓝ Uh-huh, and how many times now is this that you've seen it?

Ⓐ Ha ha ha! Uh . . . three. Ha ha ha. Yeah, it's my favorite one of the series so far.

Ⓝ Yeah, I've seen the rest of them, but I haven't got around to※2 seeing the last one.

Ⓐ Oh, do you know how it ends?

Ⓝ No no! Don't tell me! Don't tell me!

Ⓐ OK.

Ⓝ How are the special effects※3?

Ⓐ They were great. Probably the best so far.

Ⓝ Uh-huh, and computer graphics? Are they good?

Ⓐ Yeah, they were really believable※4.

Ⓝ Did the characters※5 change much?

Ⓐ Um . . . No, not really. Most of them are the same.

Ⓝ Oh, OK. Well, I'm not doing anything next Wednesday.

Ⓐ Uh-huh.

Ⓝ Would you see it again?

Ⓐ Of course.

Words & Phrases

※1 a couple of ... : 2、3の、数人の…　※2 get around to ... : …する時間を見つける
※3 special effect : 特殊効果　※4 believable : 信じられる　※5 character : 登場人物、配役

Chapter 6　相手からのどんなボールも打ち返すテクニック | 192

Allen: やぁ、『ハリーポッター』の新作観た？

Nyree: いいえ、まだよ。でも、とってもいいらしいわね。

    A: すごかったよ。

    N: いいわね。で、誰と行ったの？

    A: うん、ほら、友達の何人かとだよ。

    N: なるほど。で、これで何回観たことになるんだっけ？

    A: ははは、えっと… 3回かな。ははは。これまでのところ、シリーズ中でいちばん好きだね。

    N: へぇ、ほかのシリーズは観たけど、最新のはまだ観る時間をとれてないんだよね。

    A: 結末知ってる？

    N: ダメダメ！ 言わないで、言っちゃダメ。

    A: わかったよ。

    N: 特殊効果はどうなの？

    A: すごいよ。たぶんこれまでで最高だろうね。

    N: コンピュータ・グラフィックスは？ よかった？

    A: うん、もう本物みたいだった。

    N: 登場人物に大きな変化はあったの？

    A: う～ん、いや、そんなになかったな。ほとんど同じ。

    N: そうかそうか。う～ん、次の水曜日何もすること無いんだけど。

    A: うんうん。

    N: また観たい？

    A: もちろん！

Phrase

47

POINT ▶ つながる会話 **Point**

会話をつなげる無難な質問

Who did you go with?

週末や休暇に何をした、というのはよくある話題ですが、そのときに忘れずに質問したいのがこちら。意外にでてこない人が多いので、丸覚えしておくといいでしょう。

48

会話に頻出！
仮定法は難しくない！

「仮定法…」
「イヤッ！　キライ！」

　こんな具合に、多くの学習者が拒絶反応を示す文法項目、それが仮定法です。ぼくは高校時代、仮定法がでてきたあたりから英語につまずき、その後、成人になるまで、英語落ちこぼれの道を歩むことになりました。

　そんな仮定法ですが、こと「英会話」においては、私たちが恐れるほど難しいものではないんです。なぜなら、会話において仮定法が使われる状況というのは、おおよそ決まっているからです。なので、使用状況と状況に応じたフレーズを丸ごと頭に入れておけば、手っとり早く使えるようになります。なかでも、ぜひ普段の会話に取り入れてほしいのが次のふたつ。

1 if you were me

　あるトピックについて、自分のことを話したあと、「あなたが私ならどうする？」つまり「あなたが私だと仮定するならば…」と尋ねる仮定法。

◀)) 48a

What <u>would</u> you do if you <u>were</u> me?

（あなたが私だったらどうする？）

　「もしも〜だったら」という話題は想像力を刺激するので、会話が弾むケースが多いですね。助動詞wouldを使うのと、ifのなかのbe動詞を過去形（were）にするのを忘れないでくださいね。

　youを強く言うと、「あなたが」が強調されて、伝わりやすくなります。

　また、3人以上の会話で、ひとりだけ話に取り残されている場合、その人に What would you do if you were me? と話を振ることで、その人も会話の輪に入りやすくなります。

2 if I were you

　「私があなたなら」つまり「私があなただと仮定するならば…」と、相手の立場にたってアドバイスする仮定法です。

◀)) 48a

If I <u>were</u> you, I would quit my job and start my own business.
（私があなただったら、仕事をやめて、自分の事業を始めるだろう。）

　ここでもifの中のbe動詞を過去形、しかもwasではなくwereにすることを忘れずに。if I were youは一気に《イファイワーユー》と強めに発話すればより明確に伝わります。

　どうでしょうか？　「あなたが私だったら」と「私があなただったら」の2つです。難しくないですよね？

　ぜひ、ぜひ会話に取り入れてみてください！

Chapter **7**

会話を閉じる

話をうまく切り上げるのは、案外難しい
もの。ここで失敗しては、せっかく楽し
かった会話も台無しです。
最後の第7章では、会話の上手な終わら
せ方を学んでいきましょう。

49 NG Attitude

〔Technique 25〕と〔Technique 28〕でNG Wordsをご紹介しました。今回は、NG Attitude、つまり、英会話をする際に気をつけたい姿勢・態度についてです。

●自虐グセはNG

日本人の美徳である謙遜も、度が過ぎて自虐になると、相手の気分を損ねてしまいます。例えば——

A: **Wow, you have such a nice video camera.**
（うわぁ、とってもいいビデオカメラをお持ちですね。）

B: **No no no no no, this is very cheap! Very bad one.**
（全然全然、安物ですよ。粗悪品です。）

大げさに聞こえるかもしれませんが、このNo no no no no（5連続！）、日本人が使っているのを何度も耳にしたことがあります。謙遜のあらわれでしょうが、せっかくの好意をこのように否定されてしまっては、相手はシラけてしまいますよね。

円滑なコミュニケーションを望むのであれば、相手の好意は感謝で返す。これが基本です（例えホントの粗悪品だとしても！）。

〈感謝で返す例〉　　　　　　　　　　　　　　　　◀))49a

B: **Oh, thank you for your compliment. Yes, it's very easy to use.**
（おほめの言葉ありがとう。そうですね、すごく操作しやすいんですよ。）

　同様のケースで、家族のことをほめられた際に、わざと彼・彼女をひどく言う場面に出会ったこともあります。これなんかはもっとも避けたい NG Attitude ですね。それで誰も得しませんから！　ほめられたら素直に受け止めて、感謝を述べる。この姿勢を基本としてください。

●日本語を混ぜるのはNG

　もうひとつ避けたいのは、意識、無意識に関わらず、日本語のひとり言を差し挟むことです。

　自分が逆の立場だったらと想像してみてください。

　相手が急に理解できない言葉で話しはじめる——違和感というか、大げさに言えば不信感のようなものが湧きあがりませんか？　そのような感情は、会話を楽しむ大きな障壁になります。

　「そんなこと言ったって、つい日本語がでてしまうよ！」　その気持ちはよ〜くわかります。なので、徐々にで構いません。本書で紹介しているフレーズやテクニックを使いながら、できるかぎり英語にするよう意識をしてください。

　ただ、ひとり言は百歩譲ってOKだとしても、会話の輪のなかにいる英語話者そっちのけで、日本人同士、日本語で会話するのはご法度です。特にビジネスシーンなど、信頼度がモノを言うときほど、気をつけてくださいね。

　その場にいる人みながわかる言語で会話する、が基本です。

　さて、2つの注意点守れそうですか？　知らずしらず癖になっている人が多いと思いますが、意識しさえすれば、改善できるポイントですよ。

　Good luck!

50

会話をそろそろおわりに
したい…

Anyway, I've got
to go now.

🔊 50a - intro

そんなときに ♪

Anyway, I've got to go now.

ところで、そろそろ行かなきゃ。

会話例　🔊 50b - example

Ⓜ : So, that's how I ended up being here.

Ⓕ : I see. Anyway, I've got to go now.

Ⓜ : OK, I'll see you tomorrow then.

- -

M : 結局ここにいるのは、まあそんなわけなんだよ。

F : そうなんだ。ところで、そろそろ行かなきゃ。

M : わかった、じゃ、また明日。

次の約束の時間がせまっているのに、話を切り上げるきっかけがつかめない…どうしよう… 会話の閉じ方は、案外悩み所です。

相手の気分を害することなく、スムーズに話を終わらせるには、まず Anyway, I've got to go. で会話を終えたい意思表示をしてから、別れの挨拶などを切り出しましょう。そうすれば、相手も協力して、話を終わらせる方向に向かってくれます（まれに、しつこく理由を聞いてくる人もいますけどね）。

got を強く言うのがポイントです。本当に急いでいるときは、Got to go.《ガラゴー》のように短縮することもあります。あとに続ける別れのフレーズには次のようなものがあります。

● **It was nice talking to you.** （お話できてよかったです。）
● **Give me a call.** （電話ください。）
● **See you later.** （またね。）

> 話し始めたら止まらない人っていますよね。そういう人ほど、時計に目をやるなどのさりげないアピールは通じません（笑）。緊急の場合は、話の途中でも、I'm sorry, ［その人の名前］, but I've got to go. と割り込んでも大丈夫です。

ほかの言い方 ◀》50c - etc

❶ **(Anyway,) I'd better get going.**
（（〔ところで〕、そろそろ行かなきゃ。） ※同じ要領で使える。

❷ **(Anyway,) I've got a train to catch.**
（乗らなきゃいけない列車があるの。） ※Anywayのあと、すぐに理由を述べてもよい。

Real **C**onversation ◀》50d - real …Mike 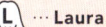…Laura

それでは、リアルな会話のなかで、使い方をチェック！ 話が盛り上がっているローラとマイクですが、ローラには用事があるようです。

スクリプトは次ページ ➡

🐧 Hey, how's it going?*1

👹 Uh, not bad. Long time no see.*2

🐧 Yeah, I haven't seen you in a while*3. What have you been doing?

👹 Oh, man, I've been working pretty hard recently*4. Um . . .

🐧 Yeah?

👹 Yeah. Nothing too exciting. How about yourself?*5

🐧 Um, same for me really. Just work, but, um, I did go on holiday for a couple of*6 weeks.

👹 Oh, really? Where did you go?

🐧 I went to Hawaii.

👹 Oh, nice! How long did you stay in Hawaii?

🐧 Uh, I was in Hawaii for about ten days.

👹 Uh-huh.

🐧 And then I took another four days off when I got back here. Two weeks in total*7.

👹 Oh, wow. It sounds really good. Oh, I need a vacation.

🐧 Yeah? Where do you wanna go?

👹 Um, you know, I'm thinking about maybe heading out to*8 Fiji.

🐧 Hmm, nice! Yeah. When do you wanna go?

👹 Um, no plan yet*9. I mean*10, whenever I can get some time off of work.

🐧 OK. **Anyway, Mike, I've got to go.**

👹 OK.

Ⓛ **I've got a train to catch**[*11]. It was really nice talking to you.

Ⓜ Yeah, **I'd better get going**[*12] as well, so . . . OK, well, uh, give me a call.

Ⓛ **Yeah, will do.** ◀ POINT See you soon.

Ⓜ All right, see you.

Words & Phrases

※1 How's it going?：(挨拶) 調子はどう？ ※2 Long time no see.：(挨拶) 久しぶりですね ※3 in a while：しばらくの間 ※4 recently：最近 ※5 How about yourself?：(How about you?の類似表現 ☞ (Phrase 33) 参照) ※6 a couple of ...：2、3の… ※7 in total：合計で ※8 head out to：…に向かう ※9 yet：まだ (否定文で) ※10 I mean：つまり ※11 catch：(乗り物) を捕まえる ※12 get going：出発する、行く

Phrase

50

POINT ▶ つながる会話 Point

命令文にはこう返そう
Yeah, will do.

Give me a call. (電話してね) に対する反応、あなたなら何と言いますか？ No way! (ぜったい嫌！) ですか？ いやいや、肯定の場合です (笑)。OK. Sure. もいいでしょう。でも、スマートに返したいときにオススメなのは、Yeah, will do. (わかりました、します) です。will の前の主語 I が省略されているんですね。自然な会話でよく耳にする表現です。電話に限らず、「…してね」と依頼されたときに使えます。

Laura: こんにちは、元気？

Mike: やぁ、悪くないよ。久しぶりだね。

L: そうね、しばらく見なかったわね。何してたの？

M: もう最近、すごい忙しく働いてて。

L: そうなんだ？

M: うん。特に面白いことはないね。君はどう？

L: 私もおんなじ。仕事だけ。あっ、でも1～2週間休暇に出かけたかな。

M: ほんとに？ どこに行ったの？

L: ハワイよ。

M: えぇっ、いいね！ ハワイにどれくらいたの？

L: 10日くらいかな。

M: そうか。

L: そして、こっちに戻ってきてからさらに4日休みをとったから、合わせて
2週間ね。

M: それはほんとにいいなぁ。ぼくも休暇がほしいよ。

L: そうなの？ どこに行きたいの？

M: う～ん、例えばフィジーに行くことを考えてる。

L: いいじゃない！ いつ行きたいの？

M: まだ計画はしてないよ。ほら、つまり、休みをとれるんならいつでも、って
ことだよ。

L: なるほどね。ところで、マイク、私、もう行かなきゃ。

M: オーケー。

L: 乗らなきゃいけない列車があるの。あなたと話ができてよかったわ。

M: うん、ぼくも行かなきゃ。じゃあ… そうだな、電話してよ。

L: もちろん。じゃぁね。

M: わかった。じゃぁね。

索 引
Index

川合 亮平　Ryohei Kawai

1977年生まれ。大阪市出身。東京都在住。フリーランスのジャーナリスト、通訳者、メディアコーディネーター。大阪弁とイギリス英語のバイリンガル。イギリス関連の案件を中心に、雑誌、書籍、テレビ、ラジオで精力的に活動中。自他ともに認めるイギリス、イギリス英語好き。国内外問わず、音楽とお笑いをこよなく愛する。

著書（共著）に、『イギリス英語を聞く The Red Book』『イギリス英語を聞く The Blue Book』（ともにコスモピア株式会社）がある。そのほか、インタビュアーとして、全英アルバムチャート1位を獲得したエド・シーランをはじめ、アークティック・モンキーズ、キャサリン・ジェンキンス、BBCドラマ『シャーロック』のワトソン役で英国アカデミー賞を受賞したマーティン・フリーマンなど、UK出身のミュージシャン・俳優への英語インタビューを多数手がけている。

ブログ： http://ameblo.jp/ryohei-kawai-blog/
ツイッターアカウント： @ryoheikawai

※英語学習に関する講演のお問い合せ、本書のご感想は以下までご連絡ください。
　メール： ryoheikawai @ hotmail.co.jp

つながる英会話
ネイティブとの会話が楽しく続くテクニック50

2012年7月8日　　第1刷発行

著　者	川合 亮平 （かわい りょうへい）
発 行 者	天谷 修平
発　行	株式会社アスク出版

　〒162-8558　東京都新宿区下宮比町2-6
　TEL：03-3267-6866
　FAX：03-3267-6867
　URL：http://www.ask-digital.co.jp/

収録・編集	株式会社 巧芸創作
印刷製本	精文堂印刷株式会社

©Ryohei Kawai 2012
ISBN 978-4-87217-798-5

乱丁・落丁の場合はお取り替えいたします。
Printed in Japan